AF222621

Artillerieschulboot »Drache«

Michael Ziefle

Artillerieschulboot
»Drache«

und die Erlebnisse des
Emil Weinmann

Bibliografische Information der Deutschen Nationalbibliothek:
Die Deutsche Nationalbibliothek verzeichnet diese Publikation
in der Deutschen Nationalbibliografie; detaillierte bibliografische
Daten sind im Internet über http://dnb.d-nb.de abrufbar.

Satz, Umschlagdesign, Herstellung und Verlag:
Books on Demand GmbH, Norderstedt

ISBN: 978-3-8391-7339-8

Inhaltsverzeichnis

Vorwort

Durch einen Zufall bin ich an die Geschichte des Artillerieschulbootes »Drache« gekommen.

Für mein erstes Buch über die Messerschmitt Bf 110 suchte ich einen Nachtjäger namens Emil Weinmann. Es gab diesen Namen nicht oft im Telefonbuch, also versuchte ich ihn so zu finden. Die letzte Nummer auf der Liste war dran und es meldete sich ein älterer Herr, der auf meine Frage etwa Folgendes sagte: »Nachtjäger bin ich nicht gewesen, war bei der Kriegsmarine.« Da ich selbst bei der Bundesmarine war, interessierte es mich schon, wo dieser Emil Weinmann seine Zeit bei der Marine verbracht hat, schnell kam man ins Gespräch und null Komma nichts waren 2,5 Stunden verstrichen. Nach dem Auflegen ging mir dauernd das Artillerieschulboot durch den Kopf, ich wusste zu dem Zeitpunkt noch nicht mal den Namen des Bootes. Einige Tage später rief ich Herrn Weinmann wieder an und fragte ihn, ob er nicht Interesse hätte, an einem Buchprojekt über sein altes Schulboot mitzuwirken. Anfänglich zögerte er, da er manche schreckliche Bilder noch nicht aus dem Kopf bekommen hat, und eigentlich darüber nicht an die Öffentlichkeit gehen wollte, obwohl er noch sehr an seinem Artillerieschulboot hing. Erst jetzt erfuhr ich den Namen seines Bootes. Etwas Überredung war schon nötig, doch hier profitierte ich davon, dass ich auch bei der Marine (Bundesmarine) gedient habe.

Somit haben wir uns entschieden, das Projekt in Angriff zu nehmen. Für mich war ausschlaggebend, dass es immer nur über bestimmte Schiffe, in der Regel Schlachtschiffe, Kreuzer, eben Dickschiffe im Allgemeinen geht und bei den Booten in erster Linie um U-Boote und Schnellboote, zuweilen auch um Minensuchboote. Dazu kommen reichlich Veröffentlichungen über die »Gustloff«-Katastrophe. Dies ist keine Kritik an diesen Publikationen, nur es gab eben auch noch andere Bereiche. In wenigen Büchern wird ASB »Drache« genannt, leider mit wenig Hintergrundinformation.

Doch muss auch ich von vornherein zugeben, dass ein kompletter Lebenslauf des Bootes nicht möglich ist, da mit seinem Untergang die

Kriegstagebücher, Logbücher mit verschwunden sind. Deshalb ist es mir nur möglich, eine Biografie des Bootes in Fragmenten zu erstellen.

Ich hoffe, dass der Werdegang des ASB »Drache« für Sie als Leser, trotz Lücken, eine interessante Lektüre bietet.

I. Entstehungsgeschichte und Stapellauf in der Kaiserzeit

Das spätere Artillerieschulboot »Drache« lief am 11.06.1908, bei der Germania Werft in Kiel, diese gehörte seit 1896 der Firma Krupp, vom Stapel. Zunächst war das Boot als Ersatz für den Tender »Ulan« gedacht, der als Nachschubschiff Torpedos für Torpedoboote transportierte und ausgesondert wurde.

Tender sind Nachschubschiffe / Boote für Kampfschiffe, meist kleinere Einheiten wie schon genannt, Torpedoboote oder U-Boote.

Es gibt für die Bezeichnung Schiff oder Boot einige Definitionen, natürlich hing dies auch von der Größe einer Einheit ab, aber auch von der Besatzungszahl. Dazu kam, ob die Planstelle eines I. Offiziers gegeben war. Auf dem Tender »Drache« gab es keinen I. O, sondern nur einen I. WO, also einen ersten Wachoffizier. Dadurch kommt nur der Begriff Tender (Versorger) oder Boot in Frage. Dies als Erklärung, warum »Drache« als Boot klassifiziert wurde.

Nachdem der Tender »Drache« vom Stapel lief, dauerte es noch gut vier Monate bis zu seiner Indienststellung am 26.10.1908.

Unterstellt wurde der Tender der Inspektion für das Schiffsartilleriewesen in Sonderburg.

In einem Schreiben vom 28.07.1908 ging man von einer Probefahrtdauer von $1/3$ Monat aus, doch rechnete man von Außerdienststellung »Ulan« und Indienststellung »Drache« mit mindestens einem Monat Ausfallzeit. Ja man hat sogar aus organisatorischen Gründen darauf gedrängt, keine Indienststellung von Tender »Drache« im September vorzunehmen, da hier besonders viele Lehrgänge für sämtliches Artilleriepersonal durchgeführt werden müssten, deshalb das späte Datum 26.10.1908.

Offiziell hieß es dann S.M.S. »Drache«, also Seiner Majestät Schiff.

Zunächst einige technische Daten:

Damals wurde die Wasserverdrängung noch als Deplacement bezeichnet.

Deplacement ohne Ausrüstung	788 t
Deplacement mit Ausrüstung	812 t
Länge	53,60 m
Breite	9,00 m
Tiefgang	3,014 m
Kohlenvorrat	147 t
Fahrstrecke bei optimalen Bedingungen	1750 sm bei 11 kn
Besatzung	55 Mann

»Drache« war ursprünglich ein Zweischornstein-Boot. (*Siehe Bilder*)

Interessant an diesem Boot ist seine, für damalige Zeit, moderne Maschinenanlage.

Angetrieben durch zwei 3-Zylinder Zweifachwirkende Expansionsmaschinen mit gemessenen 1670 PSi auf zwei Wellen. Der Ausdruck PSi wird hauptsächlich bei Dampfmaschinen verwendet, da hier der Leistungswert indirekt ermittelt wird. Um die zwei Maschinen mit genügend Dampf zu versorgen, gab es zwei Zylinderkessel kohlebefeuert, die zum herkömmlichen Kessel einen besseren Wirkungsgrad erzielten, Heizfläche war um circa dreißig Mal größer als die Rostfläche.

Die bei der Probefahrt erzielte höchste Geschwindigkeit lag bei 14 Meilen, die Meilenfahrten sind bei Eckernförde durchgeführt worden. Die Maschinen waren neu und entsprechend noch nicht eingelaufen. Bei etwas später erfolgten Meilenfahrten erreichte »Drache« seine Konstruktionsgeschwindigkeit von 15 Meilen, konnte sie sogar übertreffen.

Als Armierung erhielt der Tender »Drache« vier 8,8-cm- und vier 5,2-cm-Geschütze. Die Geschütze wurden während der Probezeit mit je fünf Schuss Signalmunition angeschossen.

Bei den 5,2 cm L/55 SK handelte es sich um Schnellladegeschütze, die auch auf Dickschiffen und Torpedobooten eingesetzt wurden.

Die stärkeren 8,8 cm bezeichnete man als Schnellfeuergeschütze, hier gab es ständig Wechsel, denn schon als teilweise eingesetztes Artillerieschulboot musste immer der aktuelle Geschütztyp an Bord sein. Die meist verwendete 8,8 cm auf »Drache« war die 8,8 cm SK L/35, dies bis in die 20er Jahre. Mit Pivot Lafette wog das Geschütz 2,0 t, die Reichweite betrug 9000 m.

Erster Kommandant S.M.S. »Drache« war der Oberleutnant zur See Kurt Schröder, dies von Indienststellung bis April 1909.

Der Normaldienst bestand eben schon damals überwiegend als Artillerieschulboot, wohl auch einige Übungen als Tender für Torpedoboote wurden absolviert.

Im Jahre 1911/12 gab es einen strengen Winter, bei dem »Drache«, bei Hadersleben, das damals noch zu Deutschland gehörte, seit 1920 Dänisch, im Eisdienst eingesetzt wurde. Dies bedeutete natürlich nicht einen Einsatz als Eisbrecher, sondern Patrouillendienst mit der Aufgabe, schifffahrtsgefährdende Eisvorkommen mittels Funk zu melden.

Die meisten Fahrten vor dem Krieg führten »Drache« von Sonderburg nach Kiel, aber auch Helgoland, Cuxhaven, Wilhelmshaven, Brunsbüttel, Danzig wurden als Schiffsbewegungen angegeben. Die angelaufenen Häfen sind nur ein Ausschnitt von etwas über einem Jahr, für die andere Zeit liegen keine Angaben mehr vor. Da es aber in erster Linie um Ausbildung von Artilleriepersonal ging, wurde meistens die Strecke Sonderburg-Kiel befahren.

Doch die Friedenszeit dauerte nicht mehr lange und Tender »Drache« musste in den Krieg ziehen.

Drache im Mai 1912 Bildquelle: BfZ

II. Einsatz Erster Weltkrieg

Drache« wurde dem Festungskommandanten Wilhelmshaven, Admiral von Krosigk, aber direkt dem Chef Hafenflottille Jade / Weser unterstellt. Hier fungierte »Drache« als Vorpostenboot, genaue Bezeichnung war Fahrwasser-Wachschiff, dies bedeutete Seetörns von einwöchiger Dauer in den genannten Gewässern, danach eins bis drei Tage Ruhe. Dazwischen aber auch noch Tätigkeit als Artillerieschulboot.

Auszüge aus den Kriegstagebüchern des Tenders »Drache«:

31.07.1914
Kanalfahrt Kiel - Wilhelmshaven Fahrt von der Ostsee in die Nordsee.

14.06. - 24.06.1915
Übungsschießen R.O.A. (Reserveoffizieranwärter) Vareler Tief und Vosslapp-Reede.

02.08. - 11.08.1915
Erneut Übungsschießen für schwere Einheiten durchgeführt.

Okt. 1913 - Nov. 1916
Kommandant zu der Zeit Kapitänleutnant Walter Schneider.

01. - 13.12.1915
Werftliegezeit Wilhelmshaven.

14. - 17.12.1915
Zur Verfügung S.M.S »Schwaben«. Vareler Tief, Vosslapp-Reede (Schießabschnitt).
S.M.S. »Schwaben« ein Linienschiff, das zu der Zeit schon als Schulschiff für angehende Offiziere verwendet wurde.

13

20.12.1915

8,8 cm Kaliberschießen der R.O.A. von S.M.S. »Schwaben«.
Dazwischen immer wieder Seetörns als Fahrwasser-Wachschiff.

13.03. - 23.03.1916

Schießausbildung R.O.A. meist in denselben Gewässern, hier elf Tage!
In diesem Zeitraum ist »Drache« mit acht 8,8-cm-Geschützen ausgerüstet gewesen.

Drache während des I. WK kurzzeitig mit 8 x 8,8 cm Geschützen Bildquelle BfZ

12.05., 14.05., 16.05.1916

An diesen Tagen gab es einige Funksprüche von »Drache« zum Flottenflaggschiff »Derfflinger«, hier ging es um Minen, Treibminen und
verschwundene Seestraßenzeichen.

Nur zwei Wochen später nahm der Schlachtkreuzer »Derfflinger« an der Skagerrakschlacht teil. Er war sehr erfolgreich und beteiligt an den Versenkungen der britischen Schlachtkreuzer »Invincible« und »Queen Mary«. Selbst auch schwer getroffen konnte »Derfflinger« jedoch wenige Monate später wieder eingesetzt werden. Der Schlachtkreuzer wurde deshalb von den Briten als »Iron Dog« bezeichnet.

14.06. - 22.06.1916
Schießausbildung R.O.A.

05.07.1916
Funkspruch an Flottenflaggschiff: »An der Suche nach verschwundenem Flugzeug 431 beteiligt.«

19.09. - 21.09.1916
Schießen R.O.A. Vosslapp-Reede.

November 1916
Neuer Kommandant Kapitänleutnant Dennert.

14.12. - 15.12.1916
Schießen R.O.A.

Dazwischen immer Kontrolltörns mit kleineren Vorkommnissen, darunter auch das Nachhauseschleppen von Motorbarkassen, denen der Motor, aus welchen Gründen auch immer, ausgegangen ist oder auch Sektoren für die Dickschiffe abriegeln, wenn diese mit ihrer schweren Artillerie Schulschießen absolvierten. Hier gab es einige Male Handlungsbedarf, da einzelne Handelsschiffe die ausgebrachten Zeichen nicht erkannten oder erkennen wollten, um Zeit zu sparen, diese wurden dann zur Umkehr aufgefordert, oder auch gezwungen. Ebenso wurden feindliche wie eigene Flugbewegungen durch Luftschiffe und Flugzeuge von »Drache« während seiner Wachboot-Törns an die Festungskommandantur gemeldet.

Drache kurz vor oder während des I. WK mit Standardbestückung 4 x 8,8 cm und 4 x 5,2 cm Geschützen ausgerüstet Bildquelle: BfZ

01.08.1917
Neuer Kommandant Olt. z. S. d. R. Johannes Müller.

20.08.1917
Wasserflugzeug »73« bei Wasserlandung in der Nähe des Roten Sand abgestürzt. Besatzung durch T-Boot 168 gerettet. Angebotene Hilfe von »Drache« zunächst abgelehnt. Doch brach bei der Bergung des Flugzeuges auf dem T-Boot die Stenge.
Darauf übernahm »Drache« die Bergung, nahm das Flugzeug längsseits und brachte es zu einem Kriegsflottendampfer, der das Flgz. in seinem großen Laderaum an Bord nahm.
Danach wieder Vorpostendienst.

16

04.09.1917
Eine Seemeile von Roter Sand eine sehr stark bewachsene Bleikappen-Mine abgeschossen. Mine detonierte, Abschuss erfolgte mit russischem Gewehr (53 Schuss).
[Anm. des Autors: Es gibt heute noch einen Leuchtturm Roter Sand, der zu besichtigen ist.]

14.11.1917
8:30 - 11:25 Uhr Hamburg Frachtdampfer »Bürgermeister von Melle« war südlich der Tonne B der Alten Weser-Fahrt auf einer Bank festgekommen und forderte dringend Hilfe an.
Manövrierten zur Hilfeleistung des Dampfers. Durch zunehmenden Wind und Seegang wurden die Hilfeleistungen erschwert. »Drache« nahm viel Wasser über. Hergestellte Leinenverbindungen brachen. Die steigende Flut brachte den Dampfer wieder frei, wurde erst durch »Drache«, dann durch Kriegslotsendampfer nach der Weser geleitet.

28.11.1917
10:50 Uhr eine treibende stark bewachsene Hebelarm-Mine wurde im Minsener Fahrwasser angetroffen und durch 617 Gewehrschüsse vernichtet. In der herrschenden Dünung arbeitete das Schiff sehr, so dass das Schießen sehr schwierig war. Von den 617 Schüssen wurden einwandfrei etwa 100 Treffer beobachtet, der Hebelarm wurde losgeschossen, Rost flog von der Mine, sichere Zeichen, dass die Schüsse gut lagen. Die Entfernung betrug 200 - 250 m beim Abschießen.

12.12. - 18.12.1917
»Drache« stand S.M.S. »Schwaben« zur Erledigung der Schießübungen von Reserve-Offiziers-Aspiranten zur Verfügung.

Mehrfach wurde »Drache« zusätzlich als Lotsenschiff ab dem Jahr 1917 eingesetzt, da es sich vorher schon einige Male in dieser Funktion bewährt hatte.

24.06.1918
Funkspruch von Kriegsfeuerschiff A der Jade, »drei Meilen von Kriegsfeuerschiff A treibende Bleikappenmine gesichtet, treibt Richtung 120«.
Gemeldete Mine bei der AJ/D Tonne mit Gewehrmunition abgeschossen. Mine detonierte nicht, Mine, stark bewachsen, ist versunken.

01.07.1918
Beförderung Olt. z. S. d. R. Johannes Müller zum Kptlt. d. R.

25.08.1918
Erneut Mine 1500 m S.O. von Kriegsfeuerschiff B der Jade eine Bleikappenmine abgeschossen. Mine sank, nicht detoniert.

16.09.1918
Ein U-Boot ohne Erkennungssignal lief durch die Weser ein. Auf An-
frage nach der Parole wurde diese nicht gegeben und U-Boot lief weiter,
es wurde hier sofort *Klarschiff* gemacht. U-Boot stoppte nun und gab die
Parole. Es war die Nr. 3 der II. U-Flottille. U-Boot wurde auf die Bestim-
mungen betreffs Parole und Erkennungssignal hingewiesen.
[Anm.: *Klarschiff* bedeutete in diesem Fall das Besetzen der Geschütze
zum Gefecht.]

19.09. - 20.09.1918
Schießübungen für S.M.S. »Schwaben« gefahren.

Dies ist ein gestraffter Überblick über die Jahre, als »Drache« noch dem
Kaiser diente. Er wurde eben neben den Aufgaben als Fahrwasser-Wachschiff noch als Artillerieschulboot und Lotsenboot eingesetzt. An einer See-
schlacht hat das ASB »Drache« nicht teilgenommen, dafür war es zu klein
und die Artilleriebewaffnung hätte bei einer damaligen Auseinanderset-
zung mit der »Grand Fleet« nicht ausgereicht. Doch hat es manchem Schiff
durch das Räumen von Minen, als Lotsendampfer sicheres Geleit gegeben.
Nicht zu vergessen, seine Tätigkeit als Artillerieschulboot.

Drache als Fahrwasser-Wachschiff, an einer Pier, im Hafen von Wilhelmshaven
Bildquelle: Mit freundlicher Genehmigung der Herren Wiegrun und Sengebusch

III. Zwischen den Kriegen

ASB »Drache« wurde nach dem Krieg wieder als Tender verwendet mit Standort Kiel. In dieser Zeit, Januar 1919, pendelte das Boot regelmäßig von Kiel nach Wilhelmshaven. Schon bald darauf, im April 1919, wurden diese Fahrten mangels Kohle eingestellt, in diese Zeit fiel auch eine Reduzierung des Personals. Hier hatte die Republik Probleme und auch andere Sorgen, um die für eine funktionierende Versorgung, für die bis dato immer noch personalmäßig starke Reichswehr und Marine, entsprechenden Mittel zur Verfügung zu stellen, da eben die Demobilisierung noch nicht abgeschlossen war.

Ab 11.08.1919 unterstand das Boot dem F.d.M. d.O. (Führer der Minensuchboote in der Ostsee), dabei wurde das Boot mit Sicherheit auch schon zu Minenräumeinsätzen herangezogen, denn in der Ostsee gab es zu diesem Zeitpunkt noch einiges an Minen zu räumen. Am 26.02.1921 wurde das Boot wieder seiner eigentlichen Bestimmung zugeführt, nämlich zur Inspektion der Marineartillerie, die sich zu der Zeit in Wilhelmshaven befand. Ab 10.07.1920 gab es eine Artillerieschule, die in Kiel-Wik beheimatet war. So ist davon auszugehen, dass »Drache« wieder im Pendelverkehr zwischen Kiel und Wilhelmshaven als Tender und Artillerieschulboot Verwendung fand, natürlich diente er ab und an für andere Schulschiffe und -boote auch als Scheibenschlepper.

Nach dem Versailler Vertrag wurde die deutsche Marine sehr restriktiv behandelt. Insgesamt durfte die deutsche Reichsmarine nur noch eine Sollstärke von 15 000 Mann unterhalten. Das stärkste Kaliber an Bord deutscher Kriegsschiffe wurde auf immerhin 28 cm begrenzt, denn es durften sechs Linienschiffe im Besitz der Reichsmarine verbleiben. Damit hatte »Drache« natürlich keine Probleme mit seinen 8,8-cm-Geschützen. Auch sah das Boot zu der Zeit nicht besonders kriegerisch aus, mit seinen zwei Schornsteinen glich es eher einem Urlaubsdampfer. Die Geschütze wurden meist mit Persenninge gegen Seewasser geschützt, so dass sie kaum aufgefallen sind. (*Siehe Bilder*)

Kurz nach dem Ende des I. WK Bildquelle: BfZ

21.07.1922 noch ohne Umbauten Bildquelle: BfZ

Auf dem Tender »Drache« dienten zwei spätere Admirale, dies war einmal zur Zeit des Weltkrieges der Leutnant zur See Friedrich Frisius als Wachoffizier von Oktober 1914 bis Juni 1916. Friedrich Frisius war in seiner letzten Dienststellung Vizeadmiral und Kommandeur der Festung Dünkirchen 1944/45. Admiral Frisius verstarb 1970 im Alter von 75 Jahren.

In der Reichswehrzeit diente der Oberfähnrich zur See Eberhard Godt im Jahr 1922/23 einige Monate auf »Drache« zur Ausbildung. Er stieg 1935 um von Überwasser- zu Unterwassereinheiten. Er war zum Schluss Konteradmiral und im Oberkommando der Marine Chef für U-Boot-Operationen. Admiral Godt verstarb 1995 im Alter von 95 Jahren.

Nach dem Weltkrieg taten bis zum Zweiten Weltkrieg dreizehn Kommandanten Dienst auf »Drache« meist im Ein-, Zwei-Jahres-Turnus, die letzten drei Kommandanten vor dem Zweiten Weltkrieg waren nur ein Jahr auf das Boot kommandiert.

Mitte der zwanziger Jahre wurde auf »Drache« eine neue, größer dimensionierte Brücke installiert. (*Siehe Bilder*)

Mitte der 20er iger Jahre mit veränderter Brücke Bildquelle: BfZ

22

Aufnahme vom 13.06.1927 Bildquelle: BfZ

Drache Ende der 20iger / Anfang 30iger Jahre Bildquelle: BfZ

Drache als Scheibenschlepper in der Zeit 1934 - 35   Bildquelle: BfZ

Artillerieschulschiessen auf ASB Drache   Bildquelle: BfZ

Nochmals eine Aufnahme aus der Reichsmarinezeit Bildquelle: BfZ

Ende 1936 wurde die Inspektion für das Artilleriewesen komplett von Wilhelmshaven nach Kiel verlegt. ASB »Drache« lag aber schon die meiste Zeit in Kiel als Artillerieschulboot, von einem Tender war nun nicht mehr die Rede. Wahrscheinlich, einhergehend mit diesen Umstrukturierungsmaßnahmen, wurde ASB »Drache« komplett überholt, einschließlich der Maschinenanlage, die in diesem Zuge mit neuen Kesseln für Ölbefeuerung ausgerüstet wurde. Natürlich ist dementsprechend auch der Kohlenbunker mit Öltanks ersetzt worden. Die zwei Schornsteine fielen weg, dafür bekam »Drache« einen, der etwas niederer, aber dafür vom Durchmesser größer dimensioniert war. Auch am Mast wurden immer mehr Antennendrähte für die Funkinstallation befestigt. Die Brücke wurde noch einmal modifiziert. Das Kaliber der Geschütze wurde schon während der Reichsmarinezeit auf 10,5 cm umgestellt, doch davon gab es jetzt sechs Stück an der Zahl, drei an jeder Seite auf dem Oberdeck. Dies bedeutete, dass »Drache« eine höhere Feuerkraft zur Verfügung hatte, als die damaligen Torpedoboote, bezogen auf die Artillerie. Am Bug befand sich jetzt auch eine Vorrichtung, die so genannte Bugspiere, um Minensuchgeschirr befestigen zu können, hinzu kam ein Flugabwehrgeschütz Kaliber 2 cm Flak C 30 L/65. Die 10,5 cm C/1917 L/45er waren noch aus der Endzeit des Ersten Weltkrieges, so genannte Unterseebootgeschütze, kurz genannt Utof, die Reichweite lag bei 11-12 km. Also hier merkte man schon die immer stärker werdende Militarisierung auch auf kleineren Einheiten voranschreiten. An diesen Geschützen wurden Lehrgänge für die Artilleriebesatzungen von Kreuzern, Torpedobooten, Unterseebooten, Minensuchern abgehalten, meist waren es Offiziersanwärter, aber auch für Artillerieoffiziere, um neue Schießverfahren unter Einsatz von Artillerie-Rechnern zu erlernen und zu testen.

Drache aufgenommen am 05.08.1937 nachdem die Brücke nochmals modifiziert wurde und die Umstellung von Kohle auf Ölfeuerung vollzogen war. Bildquelle: BfZ

26

ASB Drache Ende der 30iger Jahre, die Bugspiere für das Minensuchgeschirr ist gut zu erkennen
Bildquelle: BfZ

Die Artilleriebewaffnung ASB »Drache« wurde während des kommenden Krieges nochmals modifiziert, davon mehr im nächsten Kapitel.

Einiges an sonstigen Äußerlichkeiten änderte sich schon 1935, als die Bezeichnung Reichsmarine in Kriegsmarine umgewandelt wurde, auch die Flaggen wurden von schwarz / rot / gold in schwarz / weiß / rot zurückgewechselt, nur kam das Hakenkreuz noch dazu.

»Drache« machte, was die Bewaffnung betraf, seinem Namen alle Ehre.

IV. Zweiter Weltkrieg – Kriegstagebücher

A. Teilnahme Polenfeldzug

Der Zweite Weltkrieg begann am 01.09.1939 mit der Beschießung der Westerplatte durch das Linienschiff »Schleswig-Holstein«, anschließend kam es zu schweren Kämpfen mit den polnischen Verteidigern, vor allem an den Orten, die durch das Linienschiff, aufgrund ihres Standortes, nicht bekämpft werden konnten.

Der damalige Führer der Minensuchboote, kurz F.d.M., Kapitän zur See Friedrich Ruge war bei einer Besprechung zugegen, die der Kommandant der »Schleswig-Holstein« zu diesem Problem abhielt. Er schreibt dazu in seiner Biografie »In vier Marinen«: »Ich sagte Unterstützung durch flankierendes Feuer von See her zu, was die ›Schleswig-Holstein‹ von ihrem Liegeplatz aus nicht geben konnte (wohl die Ursache des ersten Fehlschlages); ein Erkundungsvorstoß wurde beschlossen. Ich holte Boote mit 10,5-cm-Geschützen heran, nach einer halben Stunde war die Westerplatte fast ohne Verluste genommen«, hier war ASB »Drache« noch nicht beteiligt. Doch hatten die polnischen Verteidiger die Angreifer über die eigene Zeitvorgabe hinaus aufgehalten, dies geschah am 07.09.1939. »Drache« wurde am 17.09. zeitweilig dem F.d.M. unterstellt.

Es folgen Auszüge aus dem Kriegstagebuch (KTB) »Drache«.

17.09.1939
Pillau ausgelaufen, Marsch mit ausgebrachtem Bugschutzgerät nach Neufahrwasser. Minenbaum aus dem Schuh ausgebrochen, Bugschutzgerät eingenommen. Neufahrwasser festgemacht.

18.09.1939
Zur Schichau-Werft zwecks Reparatur Minenbaum eingedockt. Dock I.

19.09.1939
Schichau-Werft ausgedockt um 6:50 Uhr.

28

8:00 Uhr aus Neufahrwasser ausgelaufen zur Unternehmung nach Oxhöft.
9:30 Uhr zur 7. Minensuchflottille gestoßen.
Auf Befehl F.d.M. Feuerschutz für R 19 und R 22 übernommen und nach Norden vorgestoßen.
R 19 und R 22 werden bei Annäherung an die Küste von Pak beschossen.
11:45 - 12:30 Uhr MG-Nester am Uferrand zwischen Oxhöft und Mechlinken beschossen und vernichtet.
15:00 - 15:35 Uhr zur Unterstützung des Heeres Oxhöft beschossen. Zur Vermeidung eines Beschießens der eigenen Truppen wurden im direkten Beschuss nur die am Ufer liegenden Häuser unter Feuer genommen. Einschlag und Wirkung konnten sehr gut beobachtet werden.
19:00 Uhr Sicherung der Küste vor Oxhöft übernommen. Während der Nacht wurde von Zeit zu Zeit die Küste abgeleuchtet.

20.09.1939
19:00 Uhr »Drache« von einem Boot des Küstenschutzes Danzig abgelöst. Neufahrwasser festgemacht.

23.09.1939
8:15 Uhr Neufahrwasser abgelegt auf Befehl F.d.M. zur Blockadestellung nordöstlich Hela ausgelaufen.
9:10 - 9:30 Uhr Boot gestoppt wegen Kesselschaden.
23:13 Uhr Neufahrwasser festgemacht.

24.09.1939
8:28 Uhr Neufahrwasser abgelegt, auf Befehl F.d.M. Blockadestellung in Quadrat 9576 und Quadrat 9587 bezogen und Standlinien gesteuert.

25.09.1939
8:00 Uhr B.S.O. (Befehlshaber der Seestreitkräfte Ostsee) unterstellt und Pillau eingesteuert.
16:01 Uhr Pillau ausgelaufen.
Dampfer Oldenburg nach Swinemünde geleitet.

26.09.1939

13:50 Uhr Dampfer »Elsa Müller« macht Flaggensignal »Mine in Sicht«. Boot ging in Rufweite. Dampfer gab geographische Lage der Treibmine. Treibmine auf 54° 05N : 40 37,20 gesichtet und mit Geschütz vernichtet. Anscheinend deutsche E.M.-Mine; Mine war mit arabischer Zahl 39 in roter Farbe bezeichnet; beim Beschießen keine Detonation.
16:40 Uhr Swinemünde festgemacht.

27.09.1939

Nach Kiel zur Kessel- und Maschinenreinigung entlassen.

Hier endete das KTB für den Polenfeldzug.

Olt. z. S. Walter Bach war zu dieser Zeit Kommandant des ASB »Drache«, er blieb es noch bis Anfang Oktober 1939.

Nach dem Polenfeldzug wird »Drache« wieder seiner eigentlichen Bestimmung zugeführt und als Artillerieschulboot eingesetzt.

Im Jahr 1939 ist mir nur noch bekannt, dass ASB »Drache« außer seinem normalen Dienstbetrieb und der oben erwähnten Teilnahme am Polenfeldzug eine Ausbildungsfahrt nach Norwegen absolviert hat. Dies war wohl ein Omen, denn »Drache« wurde auch zu Beginn des Unternehmens »Weserübung«, also die Besetzung Dänemarks und Norwegens, eingesetzt.

14 Aufnahme aus der Anfangszeit des II.WK. Bildquelle: BfZ

B. ASB »Drache« im Einsatz
bei Unternehmung »Weserübung«

KTB vom 09.04.1940 - 20.04.1940

Kommandant Fregattenkapitän (FKpt.) Hans-Oskar Wutsdorff.
(Anm.: Wutsdorff war im Ersten Weltkrieg Kommandant UB 124, und schon mal Kmdt. auf »Drache« als Kapitänleutnant 1924 - 1926.)

09.04.1940
Kieler Hafen
8:30 Uhr Gem. Befehl Marinegruppenkommando Ost hatte »Drache« die Überführung des Unterstabes des Kommandierenden Admirals Norwegen von Kiel nach Oslo durchzuführen.
Einschiffung des Unterstabes in Stärke von 10 Offz. und Beamten, 64 Uffz. und Mannschaften. Auslaufen auf Befehl der Gruppe zunächst verschoben.

10.04.1940
16:30 Uhr Abgelegt, Fahrt nach Oslo angetreten.
20:06 Uhr Deutsche Sperre passiert.
20:46 Uhr Dänische Sperre passiert.
20:50 Uhr Kriegswache aufgezogen.

11.04.1940
5:31 Uhr Funkspruch von Gruppe Ost: »Zunächst Frederikshavn gehen.« Frederikshavn durch Läsö-Rinne angesteuert.
8:34 Uhr Funkspruch von der Gruppe: »Stabspersonal in Frederikshavn absetzen, dann zur ›Lützow‹ (Schwerer Kreuzer) gehen. Standort 0800 Quadrat 4467. Nach Entlassung und Wiedereinschiffung Weg Frederikshavn - Oslo bei Nacht passieren.«
14:05 Uhr Festgemacht Frederikshavn und Stabspersonal ausgeschifft.
14:43 Uhr Abgelegt, Marsch zu »Lützow« angetreten.
16:30 Uhr Bei Lützow zur Stelle gemeldet. Da Kommandant »Lützow« auf »Drache« verzichtete, Rückmarsch nach Frederikshavn angetreten.

18:41 Uhr Frederikshavn festgemacht, Stabspersonal wieder eingeschifft.
22:23 Uhr Auf Grund des am 11.04.1940 von der Gruppe erteilten Befehls, den Weg Frederikshavn - Oslo bei Nacht zu passieren, Weitermarsch nach Oslo auf den 12.04.1940 16:00 Uhr festgesetzt.
Funkspruch von »Lützow« entlassen, Weitermarsch 12.04.1940 16:00 Uhr.

12.04.1940

17:15 Uhr Marinekriegsgerichtsinspektor wegen Nervenzusammenbruchs ausgeschifft und auf Dampfer »Rugard« gebracht. Da Liegeplatz die im Hafenplan verzeichneten Tiefen nicht hatte, und das Wasser über Nacht gefallen war, war das Vorschiff von »Drache« festgekommen, so dass »Drache« erst um 18:47 Uhr mit Hilfe des Marineschleppers »Föhn« ablegen konnte.
17:28 Uhr Funkspruch von Admiral Norwegen Standort melden.
19:05 Uhr Bei T 151 längsseits gegangen, da B.S.O. (Befehlshaber der Seestreitkräfte Ostsee) gemeinsame Fahrt nach Oslo befohlen hatte.
19:30 Uhr Funkspruch an Adm. Norwegen: Nachrichtengruppe Ost und B.S.O. S.O. Frederikshavn. Auslaufen gem. Befehl B.S.O. mit T 151 gegen 21:30 Marschfahrt 11 sm.
21:22 Uhr Nachdem T 151 seinen Transport übernommen hatte, mit T 151 zusammen nach Oslo ausgelaufen. Fahrt 12 sm. Kriegswache aufgezogen.

13.04.1940

4:30 Uhr mit Einsetzen der Dämmerung Zickzackkurse gesteuert.
5:30 Uhr Unter Geleit 1. R. Fl. (1. Räumbootsflottille) nach Oslo gesteuert.
9:50 Uhr Oslo - Hafen Kriegswache weggetreten.
19:00 Uhr Meldung Kmdt. beim Hafen-Kmdt. Vorher nicht erreichbar. Der eigentlich vorgesehene Hafen-Kmdt. ist auf Schwerer Kreuzer »Blücher« gefallen.

14.04.1940

06:15 Uhr Auf Befehl des Kommandierenden Admirals Norwegen zur Einnahme einer Sicherungsstellung am Osteingang des Tönsbergfjords bei Husöy ausgelaufen.

Funkschaltung Karl Anton.
10:40 Uhr Sicherungsstellung eingenommen. Vor Ostausgang Töns-
bergfjord auf und ab gestanden.
14:10 Uhr R 23 längsseits zur Übernahme des Prisenkommandos von
»Drache« in Stärke von 2 P.U.O. (Portepeeunteroffiziere) 3 U.O. und 8
Mann.
Norwegisches U-Boot »A-2« an Backbord festgemacht.
16:55 Uhr Mit U-Boot im Schlepp nach Horten ausgelaufen. In Kielwas-
ser Norwegisches Torpedoboot »Falk«, Dampfer »Saerte« und T 151 als
Sicherung.
20:45 Uhr Horten Kriegshafen. Alle Fahrzeuge eingebracht. Norwegisches U-Boot an Boje festgemacht. Prisenkommando an Bord zurück.

15.04.1940
10:15 Uhr nach Oslo ausgelaufen.
13:14 Uhr Ankunft
13:20 Uhr Funk von B.S.O: »Nach Frederikshavn gehen. Meldung beim
Kmdt. des Kreuzers ›Emden‹ über Durchführung der gestellten Sonder-
aufgabe. ›Drache‹ entlassen.«

16.04.1940
Mehrfaches Verschieben zum Auslaufen, da »Drache« nicht allein den
Marsch nach Frederikshavn antreten sollte.

18.04.1940
16:05 Uhr Ausgelaufen.
18:30 Uhr Oslofjord. An Geleitzug angehängt. Auf Anordnung des
Führers des Geleitzuges Sicherung nach Achteraus übernommen. Zick-
zackkurs gesteuert. Kriegswache aufgezogen. Marsch durch Skagerrak,
Kattegatt und Großer Belt.
21:53 Uhr Quadrat 4126 U-Boot-Alarm.
21:54 Uhr Eine Wasserbombe geworfen.
22:31 Uhr Funk B.S.O. »Zur A. J. nach Kiel entlassen.«
22:50 Uhr Quadrat 4129 U-Boot-Alarm.

19.04.1940

4 x U-Boot-Alarm 0:05 Uhr = Quadrat 4155, 0514 = 4437, 0600 = 4462, 1003 = 4812.

20.04.1940

Großer Belt

4:30 Uhr Von Geleitzug entlassen. Marsch nach Kiel fortgesetzt.

8:30 Uhr Kieler Hafen - Lützow Brücke festgemacht.

Drache aufgenommen während des Krieges Archiv: Weinmann

Zusammenfassend wird gemeldet:

Dass anerkennenswerte Hingabe und erfreuliche Einsatzbereitschaft der gesamten Besatzung zur erfolgreichen Lösung der gestellten Aufgabe wesentlich beigetragen haben.

35

Besondere Anerkennung verdient das Maschinenpersonal unter Führung des Ltd. Maschinisten Stabsobermaschinist Christiansen, welcher die fast 32 Jahre alte Maschinenanlage so gut instand gehalten hat, dass die über 800 sm lange Wegstrecke ohne jegliche Störung zurückgelegt werden konnte.

Besonders anerkennend hervorgehoben werden muss ferner der einzige Wachoffizier und Steuermann des Bootes, Stabsobersteuermann Kellerstrass, welcher unermüdlich den Kommandanten navigatorisch und seemännisch in ganz hervorragender Weise unterstützt hat.

Quelle MA RM 102 / 3647.

»Drache« gehörte während des genannten Einsatzes in Norwegen zur Kriegsschiffsgruppe 5, die für die Einnahme von Oslo zuständig war. Befehlshaber war der Konteradmiral Kummetz. In einigen Veröffentlichungen wird fälschlicherweise beim Aufbringen des norwegischen U-Bootes »A 2« das Prisenkommando von den Räumbooten R 22 und R 23 genannt. Richtig ist, das U-Boot wurde durch die zwei Räumboote aufgebracht, aber das Prisenkommando stellte mit 13 Mann ASB »Drache«, und dies am 14.04.1940.

Wie dem Eintrag im KTB vom 16.04.1940 zu entnehmen ist, wurde bei der Kriegsmarine eine Fürsorgepflicht des Vorgesetzten praktiziert, »Drache« sollte unter keinen Umständen den Marsch zurück nach Frederikshavn alleine antreten.

Anzumerken ist ebenfalls, dass »Drache« zu dieser Zeit schon über U-Boot-Jagdfähigkeiten verfügen musste, denn es hatte Wasserbomben an Bord. Wahrscheinlich gingen die U-Boot-Alarme von »Drache« aus, und es ist zu vermuten, dass es bereits zu diesem Zeitpunkt ein passives Horchgerät gegen U-Boote besessen hat.

Das sind leider die zwei einzigen KTBs des Zweiten Weltkrieges von ASB »Drache«, die noch im Militärarchiv Freiburg vorhanden sind.

Am 15.07.1940 wurden die Schulschiffe und -boote zu einem Schulverband zusammengelegt, Hauptstützpunkt war Saßnitz. Die Stadt liegt im Nordosten der Insel Rügen.

So wurde Saßnitz der neue Heimathafen des ASB »Drache«.

Nach Umstrukturierung der Schiffsartillerieschule zum Höheren Kommando der Schiffsartillerie am 01.10.1943 wurde Saßnitz als Hauptstützpunkt bestimmt. Einige der bis zum 01.10.1943 der Schiffsartillerieschulen unterstellten Abteilungen wurden selbstständig.

Kommandeur war von Gründung dieses Höheren Kommandos bis Kriegsende der Kapitän zur See Hennig.

Hier beginnt die Geschichte meines Zeitzeugen.

V.   Kurzbiografie von Emil Weinmann bis zu seinem Bordkommando auf ASB »Drache«

Emil Weinmann wurde am 20.04.1924 in Fürnsal-Dornhan / Württemberg geboren. Die Familie hatte insgesamt fünf Kinder zu versorgen, oder in jener Zeit, besser gesagt, durchzubringen.

Von 1930 - 1937 besuchte Emil Weinmann die Volksschule. Bevor seine Lehre begann, arbeitete er auf dem elterlichen Bauernhof. Sein Vater wollte, dass der Emil eine Ausbildung als Landwirt antreten sollte. Doch davon hielt der Sohn nichts und bewarb sich Anfang 1938 als Mechaniker bei der Mauser-Werke AG in Oberndorf / Neckar.

Von dort bekam er eine Zusage, zum 05.09.1938 mit der Ausbildung zu beginnen.

Die Ausbildung dauerte, wie es damals üblich war, drei Jahre, und er schloss sie mit Erfolg zum 30.09.1941 ab.

Seine berufliche Tätigkeit in einem Rüstungsbetrieb brachte ihn um das zweifelhafte Vergnügen, zum Arbeitsdienst einrücken zu müssen. Auch wurde er von seinen Vorgesetzten als unabkömmlich gemeldet. Doch viele von seinen Schulkameraden waren schon bei der Wehrmacht und einige waren auch schon gefallen. Ein Bruder von Emil Weinmann ist 1942 in Russland gefallen, dieser war bei der Infanterie. So dachte sich Emil Weinmann, zu dieser Truppengattung möchte ich auf gar keinen Fall und irgendwann, wenn der Krieg weitergeht, werden sie dich schon noch holen, deshalb melde ich mich besser freiwillig zu einer Teilstreitkraft, zu der ich schon immer eine Sympathie entwickelt habe, zur Marine.

Der Gestellungsbefehl kam und der Termin war auf den 15.10.1942 festgesetzt.

Natürlich ging es auch für Emil Weinmann zunächst zur Infanterieausbildung, in seinem Falle nach Libau in Lettland, dort war die 13. Schiffsstammabteilung Ostsee. Emil Weinmanns Stammnummer lautete O 66243 / 42.

Mit der Bahn ging es nach Berlin, dort wurde übernachtet und am nächsten Tag ging es mit einem Sammeltransport nach Libau.

»In Libau angekommen, empfingen uns schon unsere zukünftigen Ausbilder, wir bekamen gleich den richtigen Eindruck von diesen Herren, man konnte sie eigentlich nur als Schleifer bezeichnen. Sie ließen uns gleich mit viel Geschrei antreten und danach in Formation Richtung Kaserne marschieren. Auf halbem Weg schrie einer der Ausbilder ›ein Lied‹, da dies natürlich nicht auf Anhieb geklappt hat, wurde der nächste Befehl geschrien ›volle Deckung‹, dabei mussten wir uns mit den Zivilkleidern und Koffer im nebenan liegenden Wald schleunigst eine Deckung suchen. Dies gab uns zu denken, was uns wohl im nächsten Vierteljahr, während der Infanterieausbildung, alles erwartet.«

Emil Weinmann und seine Kameraden wurden nicht enttäuscht was die Ausbildung betraf.

Im Herbst wird es in diesen Breitengraden früher Nacht, dafür mussten die Rekruten früher aufstehen, um ja nichts von der Ausbildung zu versäumen.

Die Ausbildung war sehr hart, ob Formalausbildung im Kasernenhof oder beim Geländedienst in den Sanddünen, mit voller Ausrüstung, und fast immer erscholl der Warnruf »Gasalarm«, was mit dem Aufsetzen der Gasmaske verbunden war.

Die Märsche hatten es ebenfalls in sich, mit bis zu dreißig Kilometern und oft auf Sandboden.

Konnte einer nicht mehr, wurde für ihn Strafexerzierdienst in der Freizeit angesetzt.

»Einige meiner Kameraden haben geweint, trotz vormilitärischer Ausbildung durch Hitlerjugend und Reichsarbeitsdienst.«

Auch das Schießen von Fahrkarten (Fehlschuss auf die Scheibe) brachte Unannehmlichkeiten mit sich, das Mindeste waren zwanzig Kniebeugen mit Karabiner 98 k in Vorhalte, doch hatte der ehemalige Mauser-Beschäftigte Weinmann beim Schießen überhaupt keine Probleme, obwohl die Karabiner schon nicht mehr zur ersten Garnitur gezählt werden konnten. Da die Ausbilder meist von der Marineinfanterie / Küstenartillerie kamen, und diese waren überwiegend in Feldgrau gekleidet, musste man den Spruch aufsagen: »Ich bin verblödet und bekloppt, mich hat die blaue Uniform zur Kriegsmarine gelockt.« Emil Weinmann blieben solche Sonderbehandlungen und andere erspart, da er der Aufklarer vom allgewaltigen Spieß war und mit diesem gut zurechtkam.

Doch auch die Grundausbildung ging vorüber.

Matr. Weinmann während der Grundausbildung 1942
Archiv: Weinmann

Nach der Ausbildung wurde er kurzfristig nach Saßnitz / Insel Rügen versetzt, in die dortige Schiffsartillerieschule. Hier musste er seine Zeit im Kasernendienst eingespannt überbrücken, bis seine weitere Laufbahnausbildung begann.

Anfang März 1943 wurde er auf die Schiffsartillerieschule, kurz S.A.S. I nach Kiel-Wik kommandiert.

Der Matrose Weinmann wurde hier zum Artillerie-Mechaniker ausgebildet; Laufbahn 7A, so war die eigentliche Laufbahnbezeichnung.

Dieser Lehrgang dauerte sieben Monate, das Artilleriewesen hatte bei der Marine einen hohen Stellenwert, wie man an der Dauer des Lehrganges feststellen kann.

Zuerst wurden die Lehrgangsteilnehmer mit allen auf den Schiffen befindlichen Artillerieanlagen vertraut gemacht.

Die Fächer der Schule waren weit gestreut:

- Geschützkunde   - Elektrotechnik
- Optik   - Ballistik
- Rechneranlagen   - Algebra
- Schießlehre   - Kreisel

Auf dieser Schule war der Kasernenhofton, wie in der Grundausbildung, nicht mehr vorhanden und nur dreimal die Woche hatte man Exerzierdienst.

Doch meint Emil Weinmann, »geschliffen wurde man auf der Schule auch, zwar nicht körperlich, aber den Kopf musste man ganz schön einsetzen, um den Stoff zu verarbeiten, gerade die Fächer Elektrotechnik und Algebra haben mir für mein weiteres berufliches Fortkommen sehr geholfen«.

Während dieser Zeit auf der S.A.S. I war des Öfteren schon Fliegeralarm in Kiel, dabei wurden die Lehrgangsteilnehmer für die Bergung von Toten und Verletzten in Kiel-Gaaden herangezogen. Emil Weinmann heute: »Das ging einem schon sehr an die Nieren, wenn man die ganzen Toten und Schwerverwundeten sah und fast alles Zivilisten, ich war ja gerade erst neunzehn Jahre alt und hatte bisher noch nie so viele Tote gesehen.«

In diese Zeit fiel auch ein Ereignis, das Emil Weinmann ebenfalls zu denken gab. Es wurde in der Gegend ein britischer Bomber abgeschossen und ein Besatzungsmitglied hätte sich mit dem Fallschirm retten können, wurde gemeldet. So wurde auch seine Ausbildungseinheit zur Suche dieses Besatzungsangehörigen eingesetzt. Gerade sein Ausb.-Zug hat den Flieger in einem Versteck ausgemacht. Einer der Artillerieschüler, wohl des Englischen mächtig, rief: »Hands up or I'll shoot«, der Engländer kam hervor und tat wie ihm befohlen.

»Auf uns junge Kerle machte der Pilot einen sehr sympathischen Eindruck und man fragte sich, was die wohl gegen uns hätten, man war ja, was die Presseberichterstattung angeht, sehr einseitig oder gar nicht informiert und wenn, dann war das reine Verhetzung, was von vielen heutigen Zeitgenossen gerne ausgeblendet wird. Es wurden Zigaretten ausgetauscht und einige Sätze mit dem Piloten gesprochen, bis er durch Kettenhunde abgeholt wurde, da tat er uns richtig leid.«

Sicherlich gab es auch einige Kameraden, die es anders sahen, vor allem jene, die aus zerbombten Städten oder eben direkt aus Kiel kamen.

Noch ein trauriges Ereignis aus dieser Ausbildungszeit für Emil Weinmann war das zufällige Treffen eines früheren Lehrlingskollegen, der mit ihm bei der Firma Mauser gelernt hatte.

Der Kollege hatte sich bereits nach der Ausbildung zur U-Boot Waffe gemeldet, und war infolgedessen schon etwas längere Zeit dabei. Nach ein paar Glas Bier meinte der frühere Freund, ob er mal ein U-Boot von innen besichtigen möchte. Emil Weinmann konnte natürlich nicht Nein sagen, und so betraten sie die Pier in Kiel-Wik, wo das U-Boot festmachte und für die nächste Unternehmung mit Proviant, Kraftstoff, Torpedos und sonstiger Munition versorgt wurde. Nach Anmeldung beim Wachhabenden drückte dieser ein Auge zu und ließ den Matrosen Weinmann das U-Boot von innen besichtigen, mit seinem Kameraden. Mit dem gesamten Proviant und den anderen notwendigen Gütern an Bord war es doch sehr eng, und für den Matrosen Weinmann kam eine Freiwilligenmeldung zu den U-Booten nicht in Frage. Man ging dann nochmals zusammen in eine Kneipe und verabschiedete sich und wollte sich nach der Feindfahrt wieder treffen. Wenige Wochen später erfuhr Emil Weinmann, dass das U-Boot mit der gesamten Besatzung durch britische U-Boot-Jäger versenkt wurde.

Anfang Oktober 1943 war der Lehrgang für den zukünftigen Artilleriemechaniker zu Ende. Mit der Überreichung seines Lehrgangszeugnisses wurde dem Matrosen Emil Weinmann sein nächstes Kommando mitgeteilt, Artillerieschulboot »Drache«, Standort Saßnitz.

Matr. Weinmann Mitte, zweiter von links während seiner Artilleriemechanikerausbildung Kiel-Wik
Archiv: Weinmann

VI. An Bord von ASB »Drache«

A. »Drache« bei der Schiffsartillerieschule in Saßnitz bis 30.06.1944

Als der Matrose Weinmann in Saßnitz ankam, musste er erst einmal zwei Tage die dortige Kaserne der Marineartillerie aufsuchen, da »Drache« im Skagerrak Wasserbombenversuche durchgeführt hat. Zu dieser Zeit dürfte »Drache« bereits mit einem Kristall-Dreh-Basis-Gerät, abgekürzt K.D.B. ausgerüstet gewesen sein, diese Geräte wurden hauptsächlich auf kleineren Kriegsschiffen zur U-Boot-Ortung verwendet, auch als passive Ultraschallgeräte bezeichnet. Die Reichweite einer solchen Anlage betrug im Durchschnitt 600-800 m. Besonders effektiv waren sie bei geringer Eigengeschwindigkeit.

KptLt. d. R. u. Kmdt. Pundt Archiv: Weinmann

Doch der große Tag kam, wo sich der Matrose Weinmann auf dem ASB »Drache« an Bord melden konnte. Dies tat er bei dem damaligen Kmdt. Kptlt. d. R. Helmut Pundt oder umgangssprachlich auch als Herr Kaleu bezeichnet. Beide fanden sich auf Anhieb sympathisch.

Matrose Weinmann bemerkte schnell, dass da einiges auf ihn zukam, als Artilleriemechaniker. Sofort hatte er die sechs 10,5-cm-Geschütze bemerkt, wie schon beschrieben drei auf Backbord- und drei auf Steuerbordseite. Dazu kamen vorne auf der Back eine Doppellafette 3,7 cm Flak und achtern über dem Niedergang zum Kmdt. eine Vierlingsflak. Auch

43

als Minensucher war »Drache« verwendbar, dies allerdings schon längere Zeit; allerlei Minensuchgeschirr war am Oberdeck zu finden und unterge-bracht.

Heute würde man von einer Kampfwertsteigerung sprechen. Das Boot war nun bis zum Stehkragen mit Waffen aus-, aufgerüstet worden, auch um seinen Schulungszweck zu erfüllen. Doch wurde das Boot topplastig / kopf-lastig, wie mir Emil Weinmann sagte. Bei allzu starkem Seegang kam es vor, dass man umkehren musste, dies hat er allerdings in seiner Zeit auf ASB »Drache« nur einmal erlebt.

Bild von Anfang II..WK. Noch 6 x 10,5cm Utof Geschütze an Bord Bildquelle: BfZ

Die 10,5-cm-Geschütze waren in der Zwischenzeit auf den Typ C 32 um-gerüstet worden.

Das einzelne Geschütz wog mit Pivot Lafette sechs Tonnen, sie waren eingeschränkt auch zur Luftzielbekämpfung geeignet, dies hing mit dem Höhenrichtbereich der Lafette zusammen, bis max. 70 Grad. Die Höchst-schussweite lag jetzt bei fast 16 km, Schusshöhe bei 6300 m.

Das 3,7-cm-Geschütz C 30 L / 83 in Doppellafette war vor allem als Flak (Flugabwehrkanone) geeignet. Nachteil bei diesem Geschütz war, dass man es einzeln von Hand laden musste; es war zwar eine Schnellladevorrichtung

44

3,7 cm Flak C 30 L / 83 Zwillingslafette auf Drache Bildquelle: Bundesarchiv
BA 101 III-MN-0945-08

vorhanden, doch eine höhere Schussfolge pro Rohr von 80 Schuss / min. war nicht möglich. Allerdings Schussweite / höhe mit 8500 / 6800 m war beeindruckend, ebenso die Vo von 1000 m / sek. Gewicht drei Tonnen mit Lafette.

Anstatt der 2 cm C30 L 65 war auf »Drache« eine Vierlingsflak Geschütz C 38 L 62,6 installiert worden. Schussfolge 800 - 900 Schuss die Minute, die Reichweite / höhe lag bei 4800 / 3700 m.

Dazu kam noch die E-Mess-Station, diese war zuständig für die Entfernungsmessung gegen Luft- und Seeziele, ausgestattet mit einem Entfernungsmesser auf 3-m-Basis, von hier kamen die Entfernungsangaben, danach wurden die 10,5-cm-Granaten durch Zünderstellmaschinen auf die entsprechende Entfernung eingestellt. Diese Angaben wurden aber auch vom Artillerieleitstand verwendet und in einen Koordinatenrechner eingegeben, zusätzlich mit der Eigengeschwindigkeit und der Gegnerfahrt bei

Gefechten auf See. Komplizierter mit den entsprechenden Horizontal- und Vertikalwinkeln war dies bei der Flugabwehr, selbst Windgeschwindigkeit wurde berücksichtigt, um den 10,5-cm-Geschützen elektrisch die exakten Richtwerte zu übermitteln. Der Rechner war ein großer Schrank, sein Innenleben bestand aus mechanisch-elektrischen Komponenten, die Vorstufe von einem Computer. Für die leichten Waffen war es auch wichtig, den Abstand zum Ziel zu wissen, um das Gegnerflugzeug bei Überflug oder Vorbeiflug, so weit möglich, auf den richtigen Visierpunkt nehmen zu können. Bei Direktanflügen auf das Boot war die Entfernung nicht so wichtig, hier konnte man das Flugobjekt über das Visierkreuz durch die Strichplatte direkt anvisieren und damit konnte der Richtschütze die Entfernung selbst gut abschätzen.

Für diesen Artilleriepark war der Matrose Weinmann nun zuständig und nicht nur dafür. Sein Vorgänger war ein altgedienter Obergefreiter, der zu einem Unteroffizierlehrgang versetzt wurde, und diesen musste er nach einer kurzen Einarbeitungszeit ersetzen. Der brachte ihm noch andere diverse Arbeitsfelder näher, die der Artilleriemechaniker auf dem ASB sonst noch ausführen musste. Dazu gehörte die komplette Elektrik für die Waffen, ebenso für die an Bord befindlichen Akkus und einen Umformer, den er bei Inbetriebnahme der Waffenanlage bedienen musste, davor meldete er sich im Maschinenbereich, dass diese einen Generator in Gang setzten, um die Artillerieanlage mit Strom zu versorgen. Beim Auslaufen musste er beim Kmdt., neben anderen Abschnittsleitern, die Artillerieanlage »Seeklar« melden, so hatte er als einziger Mannschaftsdienstgrad öfters Kontakt zum Kmdt. Nach der Seefahrt war Matrose Weinmann auch zuständig für den Telefonanschluss, dazu musste das bordeigene Telefon vom ASB »Drache« an einer Station auf der Pier angeschlossen werden. Mit diesem Telefon konnte man dann mit den Dienststellen an Land kommunizieren. Vor Seefahrt mussten die Telefonkabel wieder abgeklemmt und an Bord gebracht werden.

Vor allem bei Schulbetrieb war für den Artilleriemechaniker viel zu tun, da jetzt auch noch beim Schulschießen öfters Störungen eintraten. So wurde er mal zu jenem Geschütz gerufen, mal zu einem anderen, zwar war auch noch anderes Artilleriepersonal vorhanden, doch diese hatten Kompetenz,

46

hauptsächlich beim Bedienen und Richten der Geschütze und nicht bei mechanischen Ausfällen, oder gar bei der Reparatur von Geschützkomponenten.

Matrose Weinmann hat sich bei der Wartung der Artillerieanlage bewährt, und so wurde er nach zwölf Monaten zum Gefreiten befördert, dies war bei der Kriegsmarine nicht unbedingt die Regel.

Weinmanns Schlafplatz war in seinem Werkzeugschapp. Schapp steht in seemännischer Umgangssprache für Kammer. Dort konnte er im Hafen bei »Ruhe im Schiff« seine Hängematte befestigen. In See dagegen musste man bei gezurrter Hängematte in voller Kleidung und umgeschnallter Schwimmweste schlafen.

Als ein Maat vom seemännischen Personal neu an Bord kam, hat dieser gleich am Anfang gemeint, er müsse sich mit dem Gefr. Weinmann anlegen. Emil Weinmann hat diesen Maat am Morgen wohl übersehen, als dieser ihn anbrüllte, warum er ihn nicht grüße, und dieser hat eben das ganze verbale militärische Prozedere an Weinmann abgeladen, was man so aus 08/15 kennt. Weinmann dachte, du kommst auch mal zu mir und brauchst etwas.

Wenige Tage später kam dieser Maat zum Gefr. Weinmann und wollte irgendein Werkzeug haben. Weinmann hatte natürlich ein gut sortiertes Werkzeugsortiment und meinte zu dem Maat: »Ich weiß nicht, ob Sie mit dem Werkzeug vorschriftsmäßig umgehen können«, der Maat schaute danach etwas verblüfft, deprimiert drein und versuchte es auf einmal auf die kameradschaftliche Tour, »komm, gib mir doch das Werkzeug«, dabei holte er eine Packung Zigaretten hervor und bot dem Gefr. Weinmann eine an. Er bekam das Werkzeug und daraufhin hat ihn der Maat nicht ein zweites Mal so behandelt, und man kam künftig gut miteinander aus.

Aber sonst fand der Gefr. Weinmann die Kameradschaft an Bord von ASB »Drache« ausgezeichnet. Einer seiner besten Freunde an Bord war der Kieler Günter Pahn, der die Funktion eines Feuerwerkers innehatte, dieser half ihm oft bei Instandsetzungen an den Geschützen.

Ansonsten wurde der Gefreite Weinmann als Wachplanaufsteller von der Oberdeckmannschaft gewählt. Weinmann musste allerdings keine Wache auf der Pier schieben, sondern war als Fallreeps-Wache eingeteilt. In dieser Funktion waren oft nur Unteroffiziersdienstgrade, also Maate. Da man diese entlasten wollte, wurden Mannschaftsdienstgrade für diese Aufgaben mit herangezogen, erkenntlich an einer Binde um den Oberarm, natürlich nur für die Zeit, in der sie zur Wache aufgezogen sind.

Gute Kontakte hatte Weinmann auch zu den Funkenpustern, deswegen durfte er einige Male zuschauen, wie die Funker die Entschlüsselungsmaschine Enigma bedienten. Mit dieser Maschine wurden ausgehende Funksprüche verschlüsselt und eingehende entschlüsselt. Die Dechiffrierung dieser Maschine wurde durch alliierte Wissenschaftler mit hohem Aufwand betrieben. Hier wurden Tausende von Frauen und Männern eingesetzt, um den Code zu knacken. Dies gelang schließlich auch und Eisenhower sowie Churchill waren nach Kriegsende der Meinung, dass Ultra den Zweiten Weltkrieg mit entschieden habe. Besonders auf den deutschen U-Boot-Krieg hatte die Dechiffrierung der Enigma schwerwiegende Folgen.

U-118 war am 12.06.1943 das erste Opfer der Entschlüsselung, weitere sollten folgen.

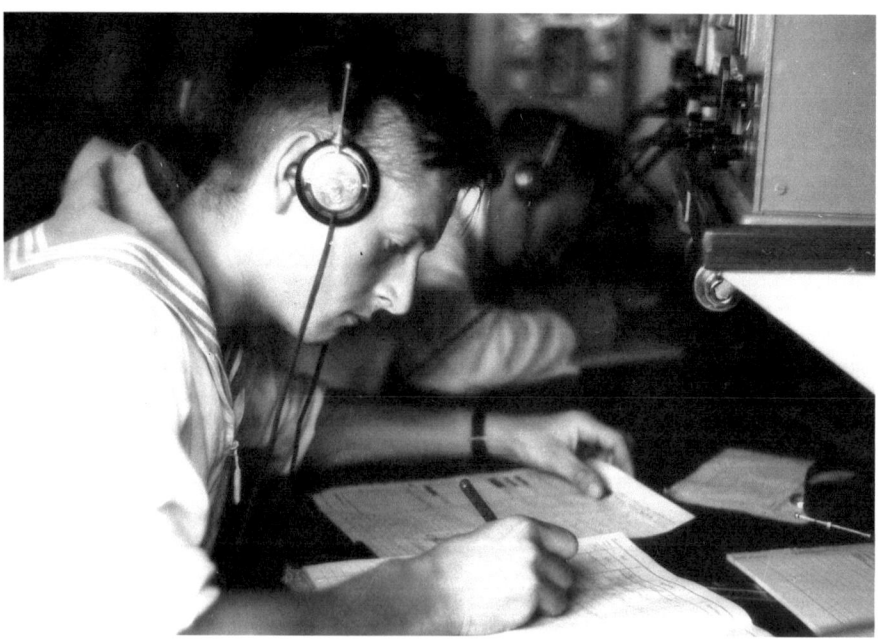

Funkraum von ASB „Drache" während einer Ausbildungsfahrt 1940 Bildquelle: Bundesarchiv BA 101 II-MN-1557A-29A

An Bord wurden die Abschnitte in zwei Divisionen eingeteilt. Zur ersten Division gehörten die Seeleute und die Funktionäre wie Artillerie und Art.-mech. einschließlich Feuerleit, Funker, Navigation, Signalgast, Smut, sowie die zweite Division, die so genannten Heizer, dazu zählte das Maschinenpersonal und die E-Mixer (elektrotechnisches Personal).

Auf dem ASB »Drache« wurde Dickschiffbetrieb gefahren. Das heißt, man musste morgens bei Begegnung mit Vorgesetzten diese einmal grüßen mit Ehrenbezeugung, dann nicht mehr an diesem Tag. Im Hafen war abends Zapfenstreich und morgens Wecken, nach dem Motto »Reise, Reise aufstehen, Seemann mach die Socken klar« und einigen Anhängseln, die ich hier nicht weiter zum Besten geben will.

Ging das Boot in See musste es seeklar gemacht werden und, wie schon erwähnt, von den Abschnittsleitern beim Kmdt. gemeldet werden, dann hieß es, Fallreep einziehen und Leinen los.

Ansonsten hatte man zu diesem Zeitpunkt auf dem Schulboot »Drache« noch nicht das Gefühl, an einem Krieg beteiligt zu sein. Das Einzige, was man mit dem Krieg in Verbindung bringen konnte, war, wenn das Boot zur Fliegerwache eingeteilt wurde und man den Hafen verlassen musste, dabei wurde Kriegswache aufgezogen. Doch zu dem Zeitpunkt wurde Saßnitz noch nicht durch Flugzeuge angegriffen. Kurz vor Kriegsende, am 06.03.1945, wurde Saßnitz noch durch einen großen Bomberverband bombardiert, wobei fast 900 Menschen zu Tode kamen.

Kraftstoffübernahme wurde oft im Stettiner Haff, einmal in Stettin und mehrfach in Swinemünde durchgeführt, auf dem so genannten Zerstörer-Stammgelände. Hier kam es eines Tages, im Frühjahr 1944, zu einem fast folgenschweren Zwischenfall für den Gefr. Weinmann.

Auf diesem Gelände befanden sich auch Zwangsarbeiter, diese sahen nach Emil Weinmanns Aussagen erbärmlich und abgemagert aus. Einer dieser Zwangsarbeiter hat den Gefr. Weinmann freundlich gegrüßt und gab Zeichen, dass er wohl sehr viel Hunger hatte, so sah er auch aus, und es hat bestimmt nicht viel gefehlt bis zum Zusammenbruch dieses Arbeiters. Weinmann fiel ein, dass er noch zwei eingepackte Butterbrote in seiner Tasche hatte, er ging zu dem unglücklichen Menschen und steckte ihm die Brote zu. Das Unheil folgte auf dem Fuße, in Form des I. WO von »Drache«, dieser legte gleich los, was er denn da treibe, das wäre Begünstigung des Feindes usw., er werde ihn zur Meldung bringen. Der Leutnant, der noch nicht lange an Bord war, verschwand darauf Richtung Kmdt. Es dauerte nicht lange und Weinmann sollte sich umgehend zum Rapport beim Kmdt. melden. Der Herr Leutnant stand dabei und hörte sich das Donnerwetter mit an. Der Kmdt. sprach dem Gefr. Weinmann einen strengen Verweis aus, mit einigen Zusatzwachen. Der Leutnant machte keinen zufriedenen Eindruck, ihm schien die Strafe viel zu milde für den Gefr. Weinmann. Nach dem offiziellen Teil, ließ der Kmdt. Weinmann noch einmal zu sich kommen. Er machte ihm klar, dass es ihn einige Überredungskunst abverlangt habe, den I. WO davon abzubringen, die Sache nicht an übergeordnete Stellen zu melden. Für sein Verhalten habe er aber vollstes Verständnis, es wäre eine Schweinerei, wie man mit diesen Menschen umginge. Den I. WO konnte der Kmdt. so natürlich nicht überreden und musste ihm die dienstlichen Beurteilungen des Gefr. Weinmann zur Kenntnis bringen, daraufhin war der I. WO mit dem strengen Verweis einverstanden.

Andernfalls hätte der Gefr. Weinmann degradiert oder sogar einige Monate in ein Strafbataillon gesteckt werden können.

Dabei sprechen einige Historiker von Spielräumen, die deutsche Soldaten oder Offiziere gehabt hätten. Bei einer solchen Kleinigkeit gleich den vollen Einsatz eines Kmdt., um größeres Unheil zu verhindern. Der Leutnant war auch nur ein Kind der damaligen Gegebenheiten oder Zeitumstände, wie Emil Weinmann heute meint. Der Kmdt. war Gott sei Dank alles andere als ein Nazi.

Die Historiker heute können leicht reden und gar einige selbst ernannte »Widerstandskämpfer«, die nach dem Zweiten Weltkrieg geboren wurden. Denunziantentum, Verführung, das gibt's auch heute noch, ohne NS-Diktatur, natürlich nicht mit den oft schrecklichen Konsequenzen. Man sollte sich trotzdem als Nachkriegsgeborene nicht auf allzu hohe Moralsockel stellen.

An Bord war auch schon eine Art Nationalsozialistischer Führungsoffizier, NSFO, in Form eines Obermaaten mit Goldenem Parteiabzeichen, dieser kam etwa April 1944 an Bord. Also schon vor dem 20. Juli 1944. Dieser hielt von Zeit zu Zeit politischen Unterricht ab, und versuchte natürlich, die

Mannschaft auszuhorchen. O-Ton Weinmann: »Wenn dieser Herr meine Aktion mit dem Zwangsarbeiter beobachtet hätte, wäre der Fall nicht so glimpflich für mich ausgegangen.«

Dazwischen immer wieder Schulfahrten mit Artillerieoffiziersanwärtern, diese Ausbildungsfahrten dauerten immer zwei bis drei Tage.

Doch zur Mitte des Jahres 1944 sollte eine schicksalhafte Veränderung für ASB »Drache« und seiner Mannschaft bevorstehen.

Nämlich die Kommandierung, weg von der S.A.S. Saßnitz zur 3. Sicherungsflottille nach Gotenhafen, doch vorher kam »Drache« nochmals für einige Tage in die Werft.

Übrigens, kaum roch es nach kriegsmäßigem Einsatz war der Obermaat mit Goldenem Parteiabzeichen auch schon verschwunden.

Drache vermutlich im Hafen von Saßnitz
Bildquelle: BfZ

51

B.   ASB »Drache« bei der 3. Sicherungsflottille Gotenhafen

Nachdem immer mehr Schiffe und Boote für Sicherungsgeleite benötigt wurden, hat man wohl festgestellt, dass das ASB »Drache« für diese Art von Aufgaben gut zu verwenden wäre.

Die Artillerieausbildung wurde immer mehr von den Kriegsschiffen selbst an Bord betrieben.

So wurden die Artillerieschulboote frei für Sicherungsaufgaben, ihre Bezeichnung Artillerieschulboot behielten sie.

Die 3. Sicherungsflottille wurde am 01.10.1943 ins Leben gerufen, sie entsprang aus der Küstenschutzflottille Preußenküste. Zunächst dem B.S.O. wurde sie nach dessen Auflösung der 9. Sicherungsdivision unterstellt.

Kommandeur der 3. Sicherungsflottille zu der Zeit war der Korvettenkapitän (KKpt.) Harry Reich.

Dislozierung dieser Sicherungsflottille war Gotenhafen in der Danziger Bucht, wohin auch »Drache« verlegen musste. Mit diesen Veränderungen einhergehend kam ein neuer Kmdt. an Bord von »Drache«, dies war Olt. z. S. Klein. Dieser wahrte zwar etwas mehr Distanz zur Besatzung, da er aktiver Marineoffizier war, doch kam man gut mit ihm zurecht, er verfuhr nach dem Motto: »Streng, aber gerecht«. Dieser war ebenso wenig ein Nazi wie sein Vorgänger.

Die Aufgaben lagen nun für »Drache« und seine Besatzung im Geleitschutz, als Minensucher und -räumer. In Gotenhafen lag damals schon länger das Passagierschiff »Wilhelm Gustloff« als Wohnschiff für die 2. U-Boot-Lehrdivision. Die »General von Steuben« machte des Öfteren auch in Gotenhafen fest und wurde bereits im Juli 1944 als Truppentransporter, Lazarettschiff, Flüchtlingsschiff eingesetzt.

Doch zunächst fuhr »Drache« hauptsächlich als Minenräumer durch die Danziger Bucht. Das Minensuchgeschirr war ja schon Jahre auf »Drache«, ob für Schulungen oder wie im Polenfeldzug im scharfen Einsatz.

*Im Vordergrund Minensuch-
geschirr des ASB „Drache"*
Archiv: Weinmann

Nur hat sich bezüglich der Minentechnik, oder wie es im Allgemeinen heißt, bei den Sperrwaffen, einiges verändert. Zu den konventionellen Minen, hier sind gemeint die Ankertauminen, kamen immer mehr Magnetminen und Akustikminen in den Einsatz. Was das ASB »Drache« gegen Minen alles an Bord hatte, daran kann sich verständlicherweise Emil Weinmann nicht mehr erinnern, da er ja eine ganz andere Laufbahn hatte. Er weiß aber mit Sicherheit, dass konventionelle Minenräumgeräte an Bord waren, und die wurden von der seemännischen Abteilung einige Male gegen Ankertauminen ausgebracht. Dies war für die betroffenen Seemänner ein anstrengendes Geschäft. Diese Minen waren an einem Gewicht durch eine Kette befestigt, so dass die Mine durch ihren Auftrieb Richtung Wasseroberfläche gelangte, jedoch nicht ganz nach oben, sonst wäre die Mine leicht zu finden gewesen und hätte nicht die Wirksamkeit erzielt wie einige Meter unter Wasser. Doch bei dieser Art des Minensuchens war »Drache« kein Erfolg beschieden, dies Geschirr wurde auch mehr zur Prophylaxe ausgefahren, in minenverseuchtem Gebiet. Hier hatten die reinen Minensuchboote ab und an mal eine Ankertaumine in ihren Scherdrachengeräten, obwohl diese Minenart vom Gegner zu diesem Zeitpunkt nicht mehr eingesetzt wurde.

Gut erinnern kann sich Emil Weinmann noch an das Unschädlichmachen von Akustikminen, hier hatte man ein so genanntes Knallkörpergerät an Bord; in einem zylinderartigen Behältnis wurden in einer Art Magazin die Knallkörper installiert. Durch dieses Gerät war es möglich, schnell aufeinanderfolgende kleinere Detonationen zu erzeugen. Das Ganze wurde von Bord aus unter Wasser gezündet. Meistens wurden diese Geräte über das Heck ins Wasser gelassen, dabei kam es darauf an, wie tief man diese Geräte ins Wasser hängen ließ, da die Minen auf verschiedene Lautstärken eingestellt waren. Mit diesen Vorrichtungen zum Minenräumen wurden einige Minen unschädlich gemacht. Eines Nachts wurde auch wieder ein Räumstreifen befahren, denn es wurden des Öfteren in der Danziger Bucht durch Flugzeugabwurf Magnet- und Akustikminen abgesetzt, dabei hatte »Drache« wieder mal Erfolg und eine Akustikmine ging in einem relativ geringen Abstand zum Boot hoch, dabei ist der Gefr. Weinmann auf der gezurrten Hängematte, denn aufhängen durfte man die Hängematte auf See nicht, aus dem Schlaf aufgeschreckt, was bei ihm und seinen Kameraden sonst selten vorkam; am Boot selbst gab es keine Beschädigungen.

Wahrscheinlich handelte es sich in diesem Fall um eine Grundmine mit akustischem Zünder, dafür hatte »Drache« noch eine Geräuschboje an Bord, die mittels eines Rotors – der durch den Fahrtstrom angetrieben wurde und ein Hammerwerk in Funktion brachte, das Geräusche simulieren sollte – um die Grundmine kurz nach Überquerung derselben zur Explosion zu bringen. Dies dürfte im oben beschriebenen Fall so gewesen sein. Diese Geräuschboje wurde an die Bugspiere angebracht.

Das war die eine Aufgabe des »Drachen«, Minensuchen und Räumen, dazu kam im Wechsel mit anderen Schiffen und Booten die Hafensicherung, ähnlich wie in Saßnitz die Fliegerwache, doch um einiges erweitert, denn es lagen ja in Gotenhafen die besagte »Wilhelm Gustloff« und die 2. U-Boot-Lehrdivision, unter anderem auch der Schwere Kreuzer »Prinz Eugen«, und einige andere Kriegsschiffe; so war es wichtig, dass an der Hafeneinfahrt in einem bestimmten Sektor keine Minengefahr für aus- und einlaufende Schiffe bestand und keine U-Boote in den Hafen eindringen konnten.

Schon Ende Juli 1944 verschlechterte sich die Lage der Heeresgruppe Nord, da die 1. Baltische Front begann, die Landverbindungen nach Ostpreußen zu kappen, indem sie vorher einen Vorstoß zwischen den Heeresgruppen Nord und Mitte etwas südlich von Dünaburg mit Erfolg einleitete und so Ende Juli 1944 die Rigaer Bucht erreichte. So musste schnell gehandelt und mit Evakuierungen begonnen werden.

Bei diesen Evakuierungsmaßnahmen wurde das Passagierschiff »General von Steuben« eingesetzt. Es sollte Verwundete aus Riga aufnehmen, da dort auch ein großes Lazarett in den vergangenen Jahren aufgebaut wurde.

Für dieses Unternehmen wurden einige Boote als Begleitschutz zur Verfügung gestellt, darunter auch das ASB »Drache« als Führerboot.

Vom Zeitpunkt her dürfte dies Ende September 1944 gewesen sein.

Die Seefahrt von Gotenhafen nach Riga verlief lange Zeit ohne besondere Vorkommnisse, die »General von Steuben« immer im Fahrwasser von »Drache«. Doch einige Seemeilen vor der Einfahrt der Düna zum Rigaer Hafen, der ja nicht direkt an der Ostsee liegt, kam »Drache« auf einer Sandbank fest, und das bei Nacht. Sandbänke gibt's in dieser Gegend sehr viele, auch heutige Fahrgastschiffe sind hier schon aufgelaufen. Nur muss man sich das vorstellen, wie das Boot auf einen Ruck bei circa 12 sm Fahrt auf einmal festsitzt, die Mannschaft durch die Gegend purzelt und dahinter die »General von Steuben«; der Signäler musste natürlich sofort mit seiner Morselampe dies dem Passagierschiff mit seinen 14 600 BRT melden, denn der Bremsweg eines solchen Schiffes ist enorm, etwa zwei Seemeilen.

Auf »Drache« wurde sofort »Alle Mann Manöver« eingeleitet. Alle verfügbaren Männer mussten Richtung Heck und auf Kommando einmal nach backbord und wieder steuerbord rennen. Dazu wurde mit den Schrauben manövriert und der Hebel des Maschinentelegraphen stand auf »Volle Fahrt zurück«. Nach wenigen Minuten war man wieder von der Sandbank herunter und die Fahrt konnte wieder aufgenommen werden, allerdings die Umrisse der »General von Steuben«, obwohl diese den »Rückwärtsgang« eingelegt hatte, konnte man gut sehen. Doch ging alles gut und man lief unbeschadet in den Rigaer Hafen ein.

Nach einer kurzen Pause mussten die Besatzungen der Begleitboote mithelfen, die Verwundeten auf die »General von Steuben« zu verbringen. Emil Weinmann dazu: »Das war auch keine Arbeit für Menschen mit schwachen Nerven, solche Bilder musste man schleunigst verdrängen, sonst hätte man nicht weitermachen können. Nicht genug Hochachtung konnte für Ärzte, Schwestern und Sanitäter aufgebracht werden, was die alles bei der Überbelegung in den Lazaretten und ohne die nötigen Medikamente und sonstigen

Materialien geleistet haben.« Bei diesem Einsatz wurden nur Verwundete transportiert.

Auf dem Rückweg nach Gotenhafen, auf der »General von Steuben« waren etwa 4000 Verwundete untergebracht, kam es auf offener See erneut zu einem Zwischenfall.

Es wurde U-Boot-Alarm gegeben, die Horcher hatten starke Schraubengeräusche ausgemacht. Einer der Horcher war sehr erfahren im Umgang mit dem K.D.B.-Gerät, so konnte man den Ort der Geräusche ziemlich genau bestimmen und bei Überfahrt mit Wasserbomben belegen; der Sensor dieses K.D.B.-Gerätes war am Schiffsboden angebracht. Die »General von Steuben« fuhr natürlich weiter, genug Platz, um an »Drache« vorbeizukommen, hatte sie jetzt in diesen Gewässern; hätte das Schiff gestoppt, wäre die Gefahr einer Torpedierung durch das U-Boot gleichwohl größer gewesen. Doch meint Emil Weinmann, »die Wasserbomben von ›Drache‹ müssen gut gelegen haben, denn nach dem Wurf von circa 12 - 15 Wabos, die man auf verschiedene Tiefenwerte eingestellt hatte, konnten keine Schraubengeräusche mehr gehört werden«. Die Wabos wurden mittels einer Schiene am Heck ins Wasser geworfen und nicht mit Katapultvorrichtungen. Die Kontrolle wurde mit »langsame Fahrt« vorgenommen. Ob das U-Boot getroffen wurde oder nur »Toter Mann« spielte, wusste niemand. Doch die Gefahr für die »General von Steuben« und die anderen Schiffe, die im Geleit mitfuhren, war so oder so gebannt, denn das U-Boot konnte unter Wasser den Schiffen nicht mehr folgen, da die Geleitgeschwindigkeit bei 12 sm lag, und ein konventionelles sowjetisches U-Boot der Stalinez-Klasse konnte nur eine max. Geschwindigkeit von 9 sm unter Wasser erreichen. Und »Drache« konnte nach »Voller Kraft voraus« die Führerbootrolle wieder einnehmen, wobei die Wachsamkeit der U-Boot-Horcher natürlich noch verstärkt wurde; doch bis zum Ziel kam es zu keinen weiteren Vorkommnissen. Der Kommandant des Lazarettschiffes »General von Steuben« hat sich beim Kmdt. des Führerbootes der Geleitschutzeinheit ASB »Drache« und dessen Besatzung für den erfolgreichen Geleitschutz bedankt.

Auf diesem Geleitweg nach Riga waren zu dieser Zeit drei sowjetische U-Boote aktiv, Shch-310, Shch-318 und Shch-407.

56

Obwohl die »General von Steuben« hier schon als Lazarettschiff eingesetzt wurde, hat man sie nicht als solches gekennzeichnet; hätte wohl auch nichts geändert.

An Land wurde die Lage immer trostloser, Mitte Oktober wurde die Heeresgruppe Nord in Kurland abgeschnitten, schon im September machten die Finnen ihren Frieden mit der Sowjetunion, so konnte keine Sperrung des Finnbusens mehr erfolgen und die Seeigel-Sperre musste endgültig aufgegeben werden. Mit dieser Sperre hatte man jahrelang das Eindringen der sowjetischen Flotte in die mittlere Ostsee verhindert. Diese wurde zusammen mit dem Verbündeten Finnland verteidigt, indem man Minen, Netzsperren gegen U-Boote auslegte und diese mit Überwasserschiffen verteidigte, hierzu genügten meist kleinere Einheiten. Von deutscher Seite wurden hauptsächlich Minensuchboote eingesetzt, die sich hervorragend bewährt haben, vor allem Ende Juli 1944, wo sie mehrere Angriffe zu Wasser und aus der Luft, der sowjetischen Marine und Luftstreitkräfte, abgewehrt haben. Aber damit war es nun vorbei.

Somit wurde die U-Boot-Gefahr immer allgegenwärtiger.

Ebenso nahm auch die sowjetische Luftüberlegenheit von Tag zu Tag zu. Emil Weinmann sagt dazu: »Wir haben kaum deutsche Flugzeuge gesichtet, einmal flog eine Me 410 über uns, meist sah man noch die Arado-196-Bordflugzeuge von den schweren deutschen Kriegsschiffen, die man zur Aufklärung und Artilleriebeobachtung nutzte, aber auch als Hilfsjäger und Bomber.« Bereits im Juli 1944 werden deutsche Kriegsschiffe zur Heeresunterstützung eingesetzt. Hier hatte sich das Oberkommando der Marine (OKM) gegen Hitler bereits Ende 1942 durchgesetzt. Dieser wollte die ganzen Großkampfschiffe einschmelzen und Panzer daraus machen lassen, dies verkürzt dargestellt.

So konnten noch kampfkräftige Schiffe in die See-Land-Kämpfe eingreifen, Linienschiffe »Schleswig-Holstein«, »Schlesien«, Panzerschiffe »Admiral Scheer«, »Lützow«, Schwere Kreuzer »Prinz Eugen«, »Admiral Hipper«, dazu die Leichten Kreuzer »Nürnberg«, »Leipzig«, »Emden«, und »Köln«. Es kamen noch einige kampfkräftige Zerstörer der »Narvik«-Klasse hinzu. Wahrscheinlich haben einige im OKM die Katastrophe im Osten kommen sehen.

ASB »Drache« verrichtete nach seiner
Geleitschutzfahrt weiterhin als Minen-
räumboot, Wachboot im Gebiet der Danziger Bucht für das restliche Jahr 1944
seinen Dienst.

Der Gefr. Weinmann wurde Anfang Oktober 1944 zum »wichtigsten« Dienstgrad
jeder Armee befördert, dies war der Ober-
gefreite.

OGefr. Weinmann zum Ende des Krieges 1944 - 45
Archiv: Weinmann

C. 1945, dem Ende entgegen

Zu spät wurde mit dem Evakuieren der Flüchtlinge begonnen, das war aber
nicht der Fehler der Kriegsmarine, sondern der von gewissenlosen Goldfa-
sanen, wie dem Gauleiter von Ostpreußen Erich Koch. Diese Herren haben
die Problematik der Flüchtlinge lange Zeit bagatellisiert, da sie für solche
Maßnahmen, die hier zu treffen waren, weder die Kompetenz noch den
Überblick hatten. Sie gehörten allerdings zu den Ersten, die das sinkende
Schiff verließen.

Es war am 30. Januar 1945, als es zur ersten großen Schiffskatastrophe
kam, bei der die »Wilhelm Gustloff« durch drei Torpedos des sowjetischen
U-Bootes S 13, bei Stolpmünde, versenkt wurde. Auf dem Schiff befanden sich
über 10 000 Menschen, darunter auch 900 U-Boot-Männer und etwas über
300 Marinehelferinnen. Etwa 1200 Schiffbrüchige konnten gerettet werden.

Insgesamt sind etwa 9000 Menschen dabei zu Tode gekommen.

Das U-Boot soll sich in etwa 600 - 700 m vor dem Ziel in Lauerstellung
befunden haben, so dass keine U-Boot-Ortung durch das Begleitschiff erfolgen konnte.

Gerade mal zehn Tage später am 09.02.1945 lief in Pillau die »General von Steuben« mit 4000 überwiegend Schwerverwundeten aus. Am 10.02.1945 etwa eine Stunde nach Mitternacht wurde auch dieses Rettungsschiff ein Opfer des gleichen U-Bootes S 13, und zwar nicht weit weg von der Stelle, an der auch die »Wilhelm Gustloff« versenkt wurde. Hier trafen zwei Torpedos, das Schiff ging nach knapp fünfzehn Minuten unter. Etwa 660 Schiffbrüchige konnten gerettet werden.

Auch dieses Mal war der Geleitschutz mit Torpedoboot 196, das selbst 200 Flüchtlinge an Bord hatte, und Torpedofangboot 10 äußerst dürftig.

Hier kam es immer wieder zu Kompetenzstreitigkeiten zwischen den der U-Boot-Flottille unterstellten Schiffen und Booten und der 9. Sicherungsdivision, die den mangelnden Geleitschutz kritisierten, denn wie bei der »Wilhelm Gustloff«, wurde auch die »General von Steuben« durch die genannten zwei Boote der U-Boot-Flottille begleitet.

Laut Marinesko, Kmdt. S 13, soll er vier Stunden das Geleit verfolgt haben, bis er die Torpedos abschoss. Also im Gegensatz zur »Wilhelm Gustloff«-Katastrophe, wo das U-Boot dem Geleit aufgelauert hat, musste man im Fall der »General von Steuben« davon ausgehen, dass Schraubengeräusche eines U-Bootes hätten ausgemacht werden können. Zwar hat das U-Boot die Steuben über Wasser verfolgt, das U-Boot hätte unter Wasser die Geschwindigkeit von 12 sm nicht erreichen können, doch hat Marinesko den Angriff unter Wasser gestartet. Bei einem entsprechenden Geleitschutz, bei dem mindestens zwei Boote für die U-Boot-Jagd tauglich gewesen wären, hätte das U-Boot geortet werden können.

Ist heute leichter gesagt als getan, doch standen der 3. Sicherungsflottille, die ja der 9. Sicherungsdivision unterstellt war, solche Boote zur Verfügung.

Günter Pahn als Posten Pier Archiv: Weinmann

Just an diesem 09.02.1945 wurde ASB »Drache« das erste und einzige Mal als Flüchtlingsschiff eingesetzt. Auf die Frage, wie viele Flüchtlinge es denn gewesen seien, kam prompt von Emil Weinmann die Antwort: »Ich hab sie nicht gezählt«, er meint um die hundertachtzig bis zweihundert, mehr hätte »Drache« aus Platzgründen auch nicht verkraftet.

Auf dem Weg von Gotenhafen nach Swinemünde bekam »Drache« einen Funkspruch, dass wohl ein größerer Dampfer mit Schwerverwundeten und Flüchtlingen bei Stolpmünde, fast an der gleichen Stelle wie die »Wilhelm Gustloff«, versenkt wurde. »Drache« musste von seiner derzeitigen Position wieder in entgegengesetzter Richtung zur Unglücksstelle dampfen. Der Name des Schiffes wurde den übrigen Besatzungsangehörigen noch nicht genannt. »Drache« traf erst gegen Morgen an der Untergangsstelle ein, sie konnten nur noch Tote bergen. Die Flüchtlinge hat man so weit wie möglich in den Kammern der Besatzung untergebracht, vor allem natürlich die Kinder. Die geborgenen Toten wurden auf das Achterdeck gelegt und mit einer Persenning zugedeckt. Nachweislich den letzten lebenden Passagier der »General von Steuben« konnte das Kampfboot »M 328« gegen 8:00 Uhr retten.

In Swinemünde gingen die Flüchtlinge von Bord, und die Toten wurden hier ebenfalls zu einer Sammelstelle gebracht.

Für die »Drache«-Besatzung war das sehr deprimierend, nachdem der Name des Schiffes durchgesickert war, da man ja die »General von Steuben« schon mal begleitete und dadurch zu dem Schiff eine besondere Beziehung hatte.

D. Artillerieschulboot »Drache« beteiligt sich am Landzielschießen

Mitte Januar 1945 begann die Großoffensive der Roten Armee gegen Ostpreußen. Sie konnte sehr schnell Raum im Bereich der Weichsel gewinnen. Schon am 23.01.1945 war Ostpreußen eingekesselt. Aufgrund des Zusammenbruchs der Heereseinheiten, denen es vor allem an Nachschub gefehlt hat, kam es zu der katastrophalen Flüchtlingssituation.

60

Allerdings wurden die politischen Verantwortlichen wie Gauleitung bis hinunter zum Ortsgruppenleiter informiert, dass der Zusammenbruch demnächst erfolgen wird. So der Festungskommandant von Königsberg General Lasch an Gauleiter Koch, der die Evakuierungsmaßnahmen immer weiter verzögert hat. Und nicht wie einige Historiker es darstellen, die Marine hätte die Hauptschuld an der Flüchtlingsmisere zu tragen. Dies wird meist im Zusammenhang mit Großadmiral Dönitz in Verbindung gebracht, ist aber nicht stimmig. Ich möchte hier GrA. Dönitz bestimmt nicht verklären, es kann ihm viel vorgeworfen werden, aber die ganze Schuld, was diesen Sachverhalt betrifft, auf ihn zu laden, ist billig, schlimmer, es werden sogar »braune« Bürokraten noch verteidigt. Hätte die Marine nicht so erfolgreich die Heerestruppen mit ihrer schweren Artillerie unterstützt, wären die Flüchtlingskorridore noch schneller von den sowjetischen Truppen überrannt worden, so aber konnten noch zehntausende Flüchtlinge die Häfen überhaupt erreichen. Und die schweren Einheiten haben ja auch oft genug Flüchtlinge an Bord genommen, wenn sie nicht mit Artillerieunterstützung des Heeres zu tun hatten. Während solcher Einsätze konnten sie keine Flüchtlinge mit an Bord nehmen, da die sowjetische Luftwaffe sofort auf dem Plan war und diese Schiffe angegriffen haben.

Das kann man leicht verfolgen, indem man einige Bücher über die eingesetzten Schiffe liest, wobei auch Kriegstagebücher herangezogen wurden.

Die Hauptverantwortlichen für das Fiasko der Flüchtlinge saßen in Berlin.

Doch zurück nach Ostpreußen, insbesondere nach Königsberg, das fast ganz durch die Sowjetarmee abgeriegelt war. Hier konnte bei der Aktion »Westwind« am 19.02.1945 die letzte durchschlagende Offensive der Wehrmacht, unterstützt durch Marineeinheiten, eingeleitet werden. Es waren beteiligt »Admiral Scheer«, »Admiral Hipper«, Zerstörer »Z 38«, »Z 43« dazu die Torpedoboote »T 28« und »T 35«, im Kanal selbst wurden zwei SAT (Schwere Artillerieträger) und das ASB »Drache« eingesetzt, Ende Februar kam der schwere Kreuzer »Prinz Eugen« dazu.

Zum Landzielschießen allgemein:

Der überaus fähige Erste Artillerieoffizier I. A.O. KKpt. Paul Schmalenbach des Schweren Kreuzers »Prinz Eugen« wurde 1944 beauftragt, das Verfahren zur Unterstützung von Heereseinheiten durch Marineartillerie noch zu verbessern.

Hieran waren auch Offiziere der Marineartillerieschule, Beobachter der Marineflieger, Vorgeschobene Beobachter des Heeres beteiligt, um diese Vorschrift, genannt »Nussknacker«, zu entwickeln.

Es konnte mit den Geschützen meist nicht direkt gerichtet werden, da man ja das Ziel aufgrund der geographischen Lage und Entfernung nicht erkennen konnte. Sondern man nahm sich ein Hilfsziel, Berg, Kirchturm, Leuchtturm, diese konnte man von Bord aus, was die geographische Richtung betraf und die Entfernung, messen. Mit der dann folgenden Peilung Hilfsziel zum realen Ziel entstand ein Winkel, die Entfernung zum Hilfsziel war bekannt. Der Standort des realen Zieles wurde vom V.B. gemeldet, daraufhin wurden die Daten wie auch der am Schiff zu bildende Verschwenkungswinkel von einem Rechengerät an Bord des Schiffes in die entsprechenden Koordinaten umgewandelt, bei dem auch die Entfernung ermittelt wurde. In der Fachsprache wird dies als Koordinatentransformation bezeichnet. Mit diesem System konnte das Schiff / Boot auch bei Fahrt gute Trefferlagen setzen, oder was vor allem bei Panzerangriffen vorkam, dass sich der Gegner bewegte, hier konnte man am Rechner ebenfalls die Richtung und die Geschwindigkeit der Panzer eingeben. Bekommen hat man diese Werte von V.B.s des Heeres, die wirklich nicht zu beneiden waren. Wenn es brenzlig wurde, haben die V.B.s oft das Feuer auf ihren eigenen Standort legen lassen. Damit konnten Panzerangriffe auf eine Entfernung von 35 - 40 km Schiff / Land abgewehrt werden, natürlich nur durch die schweren Einheiten. Dies wurde von ehemaligen V.B.s bestätigt.

Die Artillerievorschrift »Nussknacker« bekamen alle am Landzielschießen beteiligten Schiffe und Boote zugestellt. Zunächst wurde auch eine Landzielrechenscheibe verteilt. Wie es sich allerdings mit den Landzielrechengeräten verhielt, ist mir nicht bekannt, doch kann davon ausgegangen

62

werden, dass auch »Drache« als sehr bewährtes früheres Artillerieschulboot einen solchen Rechner erhielt.

Das Feuer für die im Kanal befindlichen Boote, u.a. »Drache«, wurde durch eben diese V.B.-Heeresartilleriebeobachter durchgegeben, oft durch Ballonbeobachtung geleitet. Wenn die Munition zu Ende ging, wurde neue Munition durch Schlepper und Verkehrsboote zu den Einheiten transportiert. Die Heeresartillerie konnte bei dieser Offensive wenigstens zwei Stunden Unterstützung für die Infanterie und die Panzereinheiten geben. Durch diesen Einsatz konnte wieder eine Landverbindung von Königsberg nach Pillau hergestellt werden, damit auch die Flüchtlinge wieder weiter nach Pillau kamen, denn Königsberg war voll von Flüchtlingen.

Art. Mech. Weinmann
am 10,5 cm Geschütz
Archiv: Weinmann

Emil Weinmann erzählte mir: »Wir haben geschossen, bis die Rohre heiß wurden, dann wurde gewendet und mit den anderen drei 10,5 cm weitergeschossen, in der Zeit habe ich mit den Wasserschläuchen die anderen Rohre abgekühlt.« Der Vorgeschobene Beobachter hat für diese drei Boote im Königsberger Seekanal zwölf Panzerabschüsse verzeichnet, dazu etliche Transportfahrzeuge. So hat das ASB »Drache« vier Panzervernichtungen zugesprochen bekommen und nach Verteilerschlüssel auch einige Mannschaftstransporter. An diesem Tag wurden durch die Schiffsartillerie der schweren Einheiten noch bedeutend mehr an Panzern und Artilleriegeschützen bei den sowjetischen Streitkräften vernichtet. Zeitzeuge Weinmann dazu: »Gerade die Artillerie der ›Admiral Scheer‹ war für uns sehr beeindruckend, man konnte mit diesen 28-cm-Geschützen bis zu 45 km weit schießen.« Um den 10. März mussten sogar Eisbrecher die Fahrrinne im Kanal aufbrechen, da man sonst keine Möglichkeit des Manövrierens für einen Stellungswechsel gehabt hätte.

In diese Zeit fiel auch ein anderer Erfolg für das ASB. Durch Funk wurde gemeldet, dass sowjetische Fliegerkräfte im Anflug auf Königsberg und Pillau waren. Die Geschütze von ASB »Drache« wurden alle sofort besetzt, denn Königsberg und Pillau waren ständig Fliegerangriffen ausgesetzt. Entfernung der Flugzeuge von »Drache« querab etwa 4000 - 5000 m. Dies war eine optimale Distanz zu den Flugzeugen und man konnte mindestens drei Geschütze einsetzen. Emil Weinmann dazu: »Wir haben Zonenschießen durchgeführt, um die anfliegenden Flugzeuge mit unserem Sperrfeuer mit Sprenggranaten zu stören, dabei wurde ein Flugzeug getroffen, oder zumindest von den Splittern so stark beschädigt, dass es ausscherte und dem Erdboden zuraste. Dies wurde natürlich als Abschuss gewertet.« Um was für einen Typ von Flugzeug es sich hier gehandelt hat, kann Emil Weinmann nicht mit Sicherheit sagen, da die Entfernung zu groß war, doch meistens handelte es sich um Il-2, die von Land kommend die deutschen Stellungen angriffen, »der E-Messer müsste das genau wissen«. Die Freude war schnell verflogen, da die Gesamtsituation immer schlechter wurde, man hat noch einige Mal Flugzeugformationen bekämpft, so dass diese mehrfach abdrehten und sich andere Ziele suchten. Einer der Besatzungsangehörigen meinte sogar, man müsse an der Brücke vier Silhouetten mit Panzern und einige mit LKW anbringen und ein Flugzeug, wie es die Minensucher und Schnellboote auch taten, doch fand dieser Vorschlag beim Kmdt. keine Resonanz, er ließ nur Striche zu.

Ein paar Tage später wurde dem Ogefr. Weinmann das EK II verliehen. Obwohl Ogefr. Weinmann keinen Gefechtsposten innehatte, wurde er mit diesem Orden ausgezeichnet, weil seine dauernde Einsatzbereitschaft zu den artilleristischen Erfolgen des ASB »Drache« entscheidend beitrug, wie es in der Begründung hieß.

Günter Pahn li. und Emil Weinmann bei Feinarbeiten am 10,5 cm Geschütz C 32 Archiv: Weinmann

»Ich war ziemlich überrascht über diese Auszeichnung, die ich den Tag über, also das Kreuz am Kolani, tragen durfte, danach nur noch das Band im Knopfloch, musste an dem Tag einige Runden werfen.« Auf die Frage nach dem Kriegsabzeichen für Minensuch-, U-Boot-Jagd- und Sicherungsverbände kam die Antwort, »wurde auf dem Schulboot ›Drache‹ nicht verliehen, obwohl zu den Sicherungsverbänden zählend und auch als Minensucher eingesetzt, doch hat uns dies zu der Zeit nicht mehr stark interessiert, die Bootsführung wohl auch nicht«.

Bis Mitte März 1945 konnte die Landverbindung gehalten werden, danach war Königsberg wieder eingeschlossen. »Drache« war in dieser Zeit damit beschäftigt, Heeresunterstützung mit seiner Artillerie zu gewähren. Doch wurde das Boot um den 13. - 14.03.1945 an eine andere Stelle beordert.

Es brannte zu der Zeit noch an anderen Örtlichkeiten, nämlich bei Gotenhafen und Danzig, auch hier wurden wieder folgende Schiffseinheiten im Landzielschießen eingesetzt: Linienschiff »Schlesien«, drei SATs und ASB »Drache«. Dabei wurden schon nicht mehr die Erfolge von einzelnen Schiffen registriert, denn Gotenhafen und Danzig standen kurz vor der Einnahme. Durch die Schiffsartillerie bedingt konnte die Front wieder etwas stabilisiert werden, damit wurde kostbare Zeit erneut für den Abtransport von Zehntausenden von Flüchtlingen gewonnen. Die sowjetische Luftwaffe war in dieser Zeit ständig am Himmel und versenkte einige Transportschiffe. Die deutsche Marine war, was die Flugzeugabwehr betraf, auf sich allein gestellt, oder eben die Flakabteilungen an Land, die den Schutz der Häfen übernommen haben, da es kaum noch deutsche Flugzeuge in diesem Raum gab.

Für ASB »Drache« wurde ein Stromgenerator in Gotenhafen bereitgestellt, es war um den 20.03.1945. Das Boot lief in Gotenhafen ein und der Generator, der auf der Pier bereitgestellt worden ist, wurde an Bord genommen; kaum war er an Bord, fingen sowjetische »Stalinorgeln« an, das Hafengelände mit ihren Geschossen zu belegen. Emil Weinmann dazu: »Wir mussten sofort ablegen, sonst hätte es uns dort bereits erwischt, der Druck wurde immer stärker, wir konnten hin, wo wir wollten, man wurde ständig beschossen.«

Zum Ende des Monats März kam es zu der Aktion »Großendorf«, bei dem »Drache« wieder als Geleitfahrzeug fungiert hat. Großendorf stand kurz vor der Einnahme durch sowjetische Truppen, dieser Ort hatte einen Fischereihafen und liegt oberhalb der Halbinsel Hela noch auf dem Festland, den man gut für sowjetische U-Boote als Basis hätte nutzen können, so kam man wohl auf die Idee, den Hafen zu blockieren. Die ganze Aktion wurde bei absoluter Dunkelheit durchgeführt, es durften keine Positionslichter gesetzt werden, dafür wurde ein altes Frachtschiff, bei dem die Maschine einen Totalschaden hatte, eingesetzt. Im Schlepp eines Hochseeschleppers und »Drache« vorneweg ging es Richtung Großendorf. Alles lief nach Plan, eine auf dem Frachter verbliebene Mannschaft zog an der Hafeneinfahrt die Flutventile, die Mannschaft wurde durch den Schlepper aufgenommen. Ob diese Aktion Erfolg hatte, ist nicht bekannt geworden. Auf jeden Fall, U-Boote hätten die nächste Zeit nicht einlaufen können.

Die Leistung bestand in der seemännischen Aufgabenerfüllung, dass eben alles ohne Beleuchtung stattfinden musste und Großendorf schon zum Großteil durch sowjetische Truppen besetzt war.

Natürlich nicht nur in seemännischer Hinsicht war das eine Leistung, »Drache« hatte seit Ende 1944 eine »Matratze« im Mast hängen. Diese »Matratze« war nichts anderes als ein Gerät zur Funkmessortung, kurz Fumo genannt. Um welches Gerät es sich handelte, kann Emil Weinmann nicht sagen, da dieses Gerät der Geheimhaltung oblag; aber nach dem Bild S. 67 zu urteilen, könnte es ein Fumo 63 gewesen sein. Dies war vor dem Mast auf einer schwenkbaren Drehsäule angebracht, drehen musste man es von Hand. Die Reichweite des Gerätes betrug zwischen 12 und 15 km, bei höherer Anordnung des Gerätes, sprich größerem Schiff, auch bis 20 km.

Es ist für mich faszinierend, dass gerade der ursprünglich als Tender 1908 vom Stapel gelaufene »Drache«, eines der ältesten aktiven Schiffe der Kriegsmarine, mit einem solchen »Hightech«-Gerät – für diese Zeit – ausgerüstet wurde. »Drache« hatte wohl viele Freunde in der Marine, denn nicht alle Schiffe und Boote wurden so ausstaffiert.

Deshalb auch bei diesem Unternehmen wieder Führerboot des Geleites, denn nur »Drache« konnte nach vorne und eingeschränkt seitlich entgegenkommende Schiffe und Boote erkennen, mit seinem Funkmessgerät (Radar).

Am Masten, etwas über der Brücke, ist die kleine Matratze (Funkmessantenne) zu erkennen. Im Vordergrund li. schaut das Rohr eines 10,5cm Geschützes hervor.
Archiv: Weinmann

Nach diesem kurzen Zwischenspiel kam das Kommando wieder Richtung Königsberg. Man war Anfang April 1945 wieder im Königsberger Seekanal, vor diesem Kanal lag das Frische Haff, um dies zu vervollständigen. Dort hatte sich einiges zuungunsten der Deutschen in der Zwischenzeit entwickelt, die Sowjetarmee war immer dichter an den Kanal herangekommen. »Drache« musste wieder die Heereseinheiten mit seiner Artillerie unterstützen, hierbei war schon ein akuter Munitionsmangel zu verspüren, so wie noch im März klappte die Versorgung nicht mehr, ein Feuerschlag dauerte noch zwischen zehn und zwanzig Minuten. Doch diesmal war die Sache zusätzlich recht unbequem, immer wenn mit dem Boot Stellungswechsel vorgenommen wurde, kam es zu sehr massiven Artillerieüberfällen. Man erkannte schnell, dass dies mit dem Mast zusammenhing. Die sowjetischen Artilleriebeobachter, auch sie stiegen oft in Fesselballons, erkannten am Mast immer, wo sich das Boot befand, denn dieser ragte über die Kanalböschung hinaus, daraufhin kürzte man den Mast.

Danach wurde es etwas besser, doch musste man am 7. oder 8. April wegen einer Reparatur zur Schichau-Werft nach Königsberg.

Die Werft sah schon etwas verlassen aus und feindliches Artilleriefeuer war zu vernehmen, einige Besatzungsmitglieder, unter anderem auch der Ogefr. Weinmann, machten sich auf den Weg in die Werft, um wenigstens noch Nützliches für das Boot zu organisieren.

»Auf einmal gab es mehrere ohrenbetäubende Abschüsse von Geschützen in der Nähe, zuerst wussten wir nicht genau, was das zu bedeuten hatte, doch sahen wir schon, wie sowjetische Soldaten mit ihren typischen Maschinenpistolen sich an den Häuserwänden vorschlichen, wir nichts wie alles fallen lassen und Richtung Boot gerannt, sofort wurde von den sowjetischen Soldaten das Feuer eröffnet, ich habe nur noch das Boot vor mir gesehen und habe Haken geschlagen, wie in der Grundausbildung gelernt, die Besatzungsangehörigen, die an Bord geblieben waren, gingen in Deckung. Doch diejenigen, die die Festmacherleinen losmachten, konnten nicht in Deckung gehen, die riefen uns zu, ihr habt es gleich geschafft, und prompt machte ich einen Satz und war auf dem Vorschiff gelandet. Mindestens ein Kamerad ist auf dem Weg von der Werft zum Boot gefallen. Auf dem Boot jedoch sah es viel schlimmer aus.«

Das ASB »Drache« erhielt acht Pak-(Panzerabwehrkanone)Treffer: Treffer auf die Brücke, hier wurde der Kmdt. schwer verwundet, wahrscheinlich Verlust eines Beines, ein Treffer auf dem Vorschiff, hier hatte die Flakbedienung der 3,7-cm-Doppellafette versucht, das Feuer der Pak zu erwidern, doch konnte der Gegner nicht ausgemacht werden, hier hatte es wohl die meisten Todesopfer gegeben, denn die ganze Geschützbedienung ist gefallen, mindestens vier, wahrscheinlich fünf Mann, das Geschütz hat es aus der Verankerung gerissen und flog ins Wasser, Treffer im Funkraum, dieser hat den Raum glatt durchschlagen, der Funker saß vornübergebeugt mit einem Loch im Bauch (durch eine Pak-Granate) am Funkgerät, dazu noch einige Unterwassertreffer, so dass das Boot stark angeschlagen mit Schlagseite aus der Schichau-Werft heraus in den toten Winkel kam, und die Pak nicht weiterschießen konnte. Zu den Gefallenen kamen noch etliche Verwundete hinzu. »Auf dem Weg durch den Kanal Richtung Pillau haben wir in Peyse, dort war ein Kraftwerk und Lazarett vorhanden, angelegt, um unseren Kmdt. Olt. z. S. Klein und andere verwundete Kameraden zur ärztlichen Versorgung abzugeben.« Den Kmdt. vertreten hat dann ein Stabssteuermann bis zum Schluss.

Die Beschädigungen unter der Wasserlinie wurden in einer Reparaturwerft im Pillauer Hafen mit Eisenplatten zugeschweißt, und das schon unter ständigem Artilleriebeschuss. Zwei Tage später wurde »Drache« schon wieder in den Einsatz geworfen, diesmal bei Fischhausen, um eine Verbindungsstraße für Flüchtlinge nach Pillau offen zu halten. Dabei wurden wieder Heereseinheiten artilleristisch unterstützt. Am 16.4. kamen noch fünf schwere Artillerieträger dazu. Die in der Schichau-Werft durch Pak-Treffer über Bord gegangene 3,7-cm-Doppellafette wurde nicht mehr ersetzt, und dies bei permanenten Fliegerangriffen.

E. Das Ende

Am 18.04.1945 sollte das weitere Hafengebiet von Pillau, laut Seekommandant Kapitän zur See Helmuth Strobel, nicht verlassen werden, da man eventuell Rückzugsbewegungen des Heeres und Verschiffung der Flüchtlinge im Pillauer Hafen decken sollte.

Emil Weinmann dazu: »Die Lage war absolut hoffnungslos.«

An diesem Tag waren wieder sehr viele sowjetische Flugzeuge in der Luft, diese hat man gehört und nicht gesehen, da eine ziemlich tief liegende Wolkendecke vorhanden war, somit konnten die Fliegerwachen nicht alles übersehen. In diesem Bereich, wo sich »Drache« etwa eins bis zwei Seemeilen vor Pillau befand, waren noch fünf andere Schiffe vorhanden, unter anderem der SAT »Robert Müller 6«. Die insgesamt sechs Schiffe lagen gerade wegen eventuell stattfindenden Fliegerangriffen auseinander gezogen südwestlich Pillau, in der vorher angegebenen Distanz.

Emil Weinmann kann sich noch gut an die kommenden Ereignisse erinnern.

»Auf einmal gab es eine riesige Explosion auf dem Nachbarschiff, es konnte die Munitionskammer getroffen worden sein, ob es ein direkter

Bombentreffer oder ein Torpedo war, kann ich nicht mit Sicherheit sagen, eine riesige Wasserfontäne stieg hoch und es brach in zwei Teile auseinander. Innerhalb kürzester Zeit war ›Robert Müller 6‹ von der Wasseroberfläche verschwunden, einen Mann konnten wir noch retten.« Dies geschah etwa gegen 12:30 Uhr.

Eine Stunde später kam die nächste Welle in Form von Il-2, den so genannten »Schlächtern«, dies waren einmotorige Flugzeuge mit einer besonders starken Panzerung. Das Problem mit den tief hängenden Wolken verschärfte das Problem aufs Äußerste, da man die Richtung, aus der sie kamen, nicht wusste und mit einer gewissen Verzögerung die Abwehr erst aufnehmen konnte. Die 10,5-cm-Geschütze konnten nicht mehr eingesetzt werden, da deren Höhenrichtbereich schon durch die Il-2-Flugzeuge überschritten war, bei 70 Grad war eben Schluss. Es blieb nur noch die 2-cm-Vierling übrig, die auf das angreifende Flugzeug schoss und es auch traf, doch die Projektile der Waffe prallten wie Glühwürmchen an der Panzerung wirkungslos ab, die Il-2 hat schon während des Anfluges auf »Drache« mit ihren Bordwaffen das Feuer eröffnet. Emil Weinmann dazu: »Da ich keine Gefechtsposition hatte, konnte ich in Deckung gehen, mir taten die Kameraden an der Vierlingsflak leid, die konnten keine Deckung nehmen, die Bomben habe ich so gar nicht wahrgenommen, sprich nicht gesehen, erst als sie uns getroffen haben, konnte man meinen, das Schiff wird aus dem Wasser katapultiert. Die zwei 250-kg-Bomben waren zu viel für unseren Drachen, die Seitenwände wurden aufgerissen und ›Drache‹ sank in wenigen Minuten.« Es ist natürlich reine Spekulation, ob die Il-2 durch die fehlende 3,7-cm-Doppellafette in ihrem Anflug hätte gestört werden können, um ihren erfolgreichen Angriff zu verhindern. Tatsache ist jedoch, dass deren Munition die Il-2-Panzerungen durchschlagen konnte, vor allem bei dieser kurzen Distanz. Diese Erkenntnis nützt natürlich niemandem mehr.

Emil Weinmann weiter: »Mein Kamerad Günter Pahn und ich haben ein Stück von einem Korkrettungsboot erwischt, haben dies ins Wasser geworfen und sind hinterhergesprungen, wir ruderten von Hand, mangels Paddel, so schnell wie möglich vom sinkenden Schiff weg, um nicht in den Sog zu geraten. Zur gleichen Zeit kam ein Schiff, um noch Kameraden von uns zu retten, wir haben das Schiff zunächst nicht wahrgenommen, doch dann konnten wir sehen, wie es einige unserer Kameraden gerettet hat. Das gleiche Schiff hat uns dann auch aus dem Wasser gezogen. Einige Schlachtflieger befanden sich über dem Untergangsort, so dass wir dachten, die schießen jetzt mit ihren Bordwaffen auf uns Schiffbrüchige, doch dies haben sie unterlassen, wofür wir ihnen heute noch dankbar sind.« Wie viele die Versenkung überlebten oder dabei gefallen sind, das kann niemand mehr genau beziffern.

»Mit diesem Schiff, vermutlich ein SAT, sind wir Schiffbrüchigen zur Halbinsel Hela gebracht worden, dort gab es ein Wiedersehen mit dem alten Kommandanten von ›Drache‹, dem Kaleu Pundt, der hier Kommandeur einer Flottille oder Halbflottille von ›Schwarzen Torpedobooten‹ geworden ist, diese Torpedoboote waren noch aus dem Ersten Weltkrieg und mehr als Schul-, Torpedofang- und Versuchsboote eingesetzt gewesen.« Kaleu Pundt war ihr Glück, denn eigentlich hätten sie gleich auf die nächsten Schiffe verteilt werden oder die Infanterie verstärken müssen. Kaleu Pundt hat noch eine kurze Ansprache an die Restbesatzung von »Drache« gehalten, dass er eben von ihrem schweren Schicksal gehört hätte und sie Richtung Westen bringen lasse, danach hat er sie einem seiner Torpedoboote bis Saßnitz anvertraut, einige Seemeilen vor Saßnitz wurden sie an Schnellboote übergeben, da das Torpedoboot sofort nach Hela zurück sollte. Also ging es mit fast 40 sm Geschwindigkeit Richtung Saßnitz. »Von Saßnitz fuhren wir mit der Bahn und mehrmaliger Unterbrechung durch Tieffflieger nach Lübeck, bei diesen Jaboangriffen mussten wir hinter den Bahndämmen Schutz suchen. Von hier aus ging es zu Fuß die etwa 80 km nach Kiel ins Auffanglager. Doch in Plön wurde Zwischenstation gemacht, dort wurden die Besatzungsangehörigen mit neuer Kleidung versehen und verköstigt.

Wir setzten uns im Kasernengelände in Plön auf die Stufen zu einem Kaserneneingang. Auf einmal kamen von links höhere Stabsoffiziere mit ihren Adjutanten um die Ecke. Sie liefen an uns vorbei und wir reagierten überhaupt nicht, denn uns gingen die schrecklichen Bilder der vergangenen Tage immer wieder durch den Kopf. Die Offiziersgruppe war vorbei, als sich ein Kaleu, wahrscheinlich ein Adjutant, von der Gruppe löste und auf uns zukam. Er fragte in ruhigem Ton, warum wir die Offiziere nicht gegrüßt hätten, daraufhin erhob sich unser stellvertretender Kmdt. und meldete dem Kaleu unser Schicksal, dieser zeigte Mitgefühl und meinte, wir haben vom Untergang des Artillerieschulbootes ›Drache‹ gehört. Er gab uns den Rat, vorsichtig zu sein mit Äußerungen und im Auftreten, denn es gebe für Subordination deftige Strafen.« So der Zeitzeuge Emil Weinmann.

Danach ging es weiter nach Kiel, man hat nicht das allerschnellste Tempo eingeschlagen, denn man musste kein Prophet sein, um zu wissen, dass es wohl mit dem »Tausendjährigen Reich« nicht mehr allzu lange gehen konnte. Marschbefehle hatten sie ja, so konnten die kontrollierenden Kettenhunde auch nichts machen. Emil Weinmann dazu: »Man hat halt mitgedacht und wollte nicht mehr bei irgendwelchen Himmelfahrtskommandos verheizt werden. Dass es dem Ende entgegenging, wusste man natürlich schon länger, doch angesichts der Flüchtlingsproblematik hat man eben, solange es Sinn machte, sich eingesetzt, es wird wenig Schiffe oder Boote gegeben haben, die Paktreffer einstecken mussten, auch danach haben wir unsere Pflicht erfüllt, als aber mein mir sehr ans Herz gewachsener ›Drache‹ versenkt wurde, habe ich nur noch dran gedacht, lebend aus diesem Irrsinn herauszukommen.«

In Kiel angekommen, wurde die Restbesatzung auf verschiedene Kasernen und Barackenlager verteilt. Emil Weinmann ging auf das ihm zugewiesene Barackenlager zu und meldete sich beim Posten, dieser fand ihn wohl sympathisch und vor allem vertrauenswürdig, denn er teilte Weinmann mit, dass, wenn er ihn jetzt das Tor passieren lasse, er am nächsten Morgen bei einem Führerbefreiungskommando dabei wäre. Er soll sich doch in dem angrenzenden Wald verstecken und sich am nächsten Morgen hier als Versprengter wieder melden. Ogfr. Weinmann ließ sich das nicht zweimal sagen, meldete sich am andern Morgen, als der Transport bereits unterwegs war, bei einem anderen Wachhabenden; ohne gefragt zu werden, wurde er einer Baracke zugewiesen. Es kam kein neuer Transport zustande und Emil Weinmann befand sich nach kurzer Zeit in englischer Kriegsgefangenschaft. Aus dieser wurde er bereits nach wenigen Monaten wieder entlassen, so dass er den Heimweg nach Württemberg antreten konnte.

Er hatte hierbei das Glück, nicht noch in französische Gefangenschaft zu geraten, wie es vielen Kameraden ergangen ist.

Emil Weinmann hat sich dann nach kurzer Zeit wieder in seinem alten Beruf etablieren können und ist später als Werkstattmeister in einem mittelständischen Unternehmen des Maschinenbaus in den Ruhestand gegangen.

VII. Schlusswort

Ich versuche mit diesem Buch nur, das ASB »Drache« und seine Besatzung dem Vergessen zu entreißen. Für mich stand zunächst nur das Boot im Vordergrund, doch durch die Erzählungen des Zeitzeugen ist mir das Interesse an der Besatzung immer mehr ins Bewusstsein gerückt. Selbst wenn man die Kriegstagebücher von »Drache« aus dem Ersten Weltkrieg liest, die etwa 95 Jahre alt sind, versucht man, sich das Leben an Bord bildhaft vorzustellen.

Den »Drache« mochte ich sozusagen auf den ersten Blick, vor allem sein Aussehen; vor den ganzen Umbauten mit seinen zwei Schornsteinen mehr eine romantische Sichtweise; aus militärischer Sicht natürlich, nach den Umbauten, die stetige Aufrüstung des Bootes.

Es kamen bei diesem Buch für mich zwei Komponenten zusammen, einmal das Boot selbst und zum andern die Geschichte des Emil Weinmann, so konnte ich mich mit beiden identifizieren.

Emil Weinmann wurde wie so viele seiner Generation durch die politischen Machthaber des Dritten Reiches missbraucht. Wenn man so viele Tote gesehen hat wie Emil Weinmann, kann man dem nationalsozialistischen System keine Sympathie entgegenbringen, dazu die nach dem Krieg gezeigten Gräueltaten in Vernichtungslagern und anderen Einrichtungen des Systems.

Möglichkeiten, in der damaligen Zeit an freie Informationsquellen zu gelangen, gab es von einem bestimmten Zeitpunkt an nicht mehr. Es wurde eben alles, wie es so schön hieß, gleichgeschaltet. Auf »Abhören von Fremdsendern« mit dem Radio standen drakonische Strafen.

Emil Weinmann: »Ich bin heute noch froh, dass ich nicht auf Menschen schießen musste während meiner Dienstzeit bei der Marine, doch war dies ein Zufall und hing mit meiner Funktion an Bord zusammen. Auch mein eigenes Überleben war mit vielen Glücksumständen verbunden und ich war erleichtert, als dieser ganze Schlamassel zu Ende ging, mitsamt dem ›Tausendjährigen Reich‹, doch leider sind sehr viele meiner Kameraden dabei gefallen.«

Ja der Schlamassel ging zu Ende, aber auch der / das ehemalige Tender, Artillerieschulboot »Drache« und viele Besatzungsangehörige fanden am 18.04.1945 ein trauriges Ende.

Besonderen Dank gebührt dem Zeitzeugen Emil Weinmann, ohne ihn wäre das Projekt nicht zustande gekommen!

Ich hoffe, dass ich mit diesem Buch über eine kleinere schwimmende Einheit der Marine des Zweiten Weltkrieges interessante Aspekte und Informationen für den Leser dokumentieren konnte.

VIII. Literaturhinweise und Quellenverzeichnis

Blocksdorf, Helmut: Pillau. Chronik eines Unterganges,
    Hamburg, Berlin, Bonn 2000

Breyer, Siegfried: Spezial- und Sonderschiffe der Kriegsmarine (I),
    Wölfersheim Berstadt 1995

Gerdau, Kurt: Kampfboot M 328, Herford 1989

Hildebrand, Hans H. / Röhr, Albert / Steinmetz, Hans-Otto:
    Die deutschen Kriegsschiffe, Hamburg

General a.D. Lasch, Otto: So fiel Königsberg,
    München 1984

Meyer, Karl: Hochsee-Minensuchboote 1939 - 1945,
    Hamburg, Berlin, Bonn 2004

Ruge, Friedrich: „In vier Marinen", München 1979

Schmalenbach, Paul:
    Die Geschichte der deutschen Schiffsartillerie,
    Herford 1968

Schön, Heinz: Ostsee 1945, Stuttgart 1985

Stehr, Werner / Breyer, Siegfried:
    Leichte und mittlere Artillerie auf deutschen Kriegsschiffen,
    Wölfersheim Berstadt 1999

Bundesarchiv-Militärarchiv, Quelle: MA RM 3 / 3400 und RM 102 / 3647, Freiburg

Bildquelle: BfZ = Bibliothek für Zeitgeschichte, Stuttgart
Bilder 1 - 3, 5 - 14, 19, 22

Bildquelle: Bundesarchiv, Koblenz
Bilder 20, 21

Bildquelle: Privatarchiv Emil Weinmann
Bilder 15 - 18, 23 - 28

Bildquelle: Archiv Wiegran, Sengebusch, Elfriede Steinhäuser Urheberrechtsinhaberin
Bild 4

Vom selben Autor und Verlag ist erschienen:

Michael Ziefle
Messerschmitt Bf 110
Die Rehabilitierung eines Flugzeuges

264 S. mit 40 Schwarz-Weiß Fotos

Books on Demand
ISBN 978-3-8370-2289-6

Klappentext:

In der Hauptsache wird die Einsatzgeschichte der Messerschmitt Bf 110 auf den verschiedenen Schauplätzen des Zweiten Weltkrieges sowie als Nachtjäger behandelt und dokumentiert.

Ebenso werden in diesem Buch die jahrzentelangen Negativbewertungen, die über dieses Flugzeug in diversen Publikationen geschrieben und verbreitet wurden, zum einen dargestellt und zum anderen auch widerlegt.

Zwei Zeitzeugen, ein Zerstörerpilot sowie ein Nachtjäger, machen den Leser mit ihrem mannigfaltigen Erfahrungsschatz aus ihrer Einsatzzeit auf der Me 110 vertraut.

Somit will ich diese Maschine von ihrem Negativimage befreien und natürlich auch ihren Piloten den ihnen zustehenden Platz in der Luftkriegsgeschichte einräumen.

40 Schwarz-Weiss-Fotos, davon einige unveröffentlichte, ergänzen die Einsatzgeschichte des Flugzeuges.

Michael Ziefle

MESSERSCHMITT
Bf 110

Die Rehabilitierung
eines Flugzeuges